HUMANITIES AND SOCIETY

黑皮肤，白面具

Frantz Fanon

[法国] 弗朗兹·法农 著 万冰 译

译林出版社

图书在版编目（CIP）数据

黑皮肤，白面具/（法）弗朗兹·法农著；万冰译．—南京：译林出版社，2022.2
（人文与社会译丛/刘东主编）
ISBN 978-7-5447-9036-9

Ⅰ.①黑…　Ⅱ.①弗…　②万…　Ⅲ.①民族心理学－研究－法国　Ⅳ.①C955.565

中国版本图书馆CIP数据核字（2022）第002209号

黑皮肤，白面具［法国］弗朗兹·法农／著　万　冰／译

责任编辑　张海波
特约编辑　陆元昶　陈秋实
装帧设计　胡　苨
校　　对　戴小娥
责任印制　单　莉

原文出版　Éditions du Seuil, 1952
出版发行　译林出版社
地　　址　南京市湖南路1号A楼
邮　　箱　yilin@yilin.com
网　　址　www.yilin.com
市场热线　025-86633278
排　　版　南京展望文化发展有限公司
印　　刷　徐州绪权印刷有限公司
开　　本　880毫米×1230毫米　1/32
印　　张　7.875
插　　页　2
版　　次　2022年2月第1版
印　　次　2022年2月第1次印刷
书　　号　ISBN 978-7-5447-9036-9
定　　价　58.00元

主编的话

刘　东

总算不负几年来的苦心——该为这套书写篇短序了。

此项翻译工程的缘起,先要追溯到自己内心的某些变化。虽说越来越惯于乡间的生活,每天只打一两通电话,但这种离群索居并不意味着我已修炼到了出家遁世的地步。毋宁说,坚守沉默少语的状态,倒是为了咬定问题不放,而且在当下的世道中,若还有哪路学说能引我出神,就不能只是玄妙得叫人着魔,还要有助于思入所属的社群。如此嘈嘈切切鼓荡难平的心气,或不免受了世事的恶刺激,不过也恰是这道底线,帮我部分摆脱了中西"精神分裂症"——至少我可以倚仗着中国文化的本根,去参验外缘的社会学说了,既然儒学作为一种本真的心向,正是要从对现世生活的终极肯定出发,把人间问题当成全部灵感的源头。

不宁惟是,这种从人文思入社会的诉求,还同国际学界的发展不期相合。擅长把捉非确定性问题的哲学,看来有点走出自我囿闭的低潮,而这又跟它把焦点对准了社会不无关系。现行通则的加速崩解和相互证伪,使得就算今后仍有普适的基准可言,也要有待于更加透辟的思力,正是在文明的此一根基处,批判的事业又有了用武之地。由此就决定了,尽管同在关注世俗的事务与规则,但跟既定框架内的策论不同,真正体现出人文关怀的社会学说,决不会是医头医脚式的小修小补,而必须以激进亢奋的姿态,去怀疑、颠覆和重估全部的价值预设。有意思的是,也许再没有哪个时代,会有这么多书生想要焕发制度智慧,这既凸显了文明的深层危机,又表达了超越的不竭潜力。

于是自然就想到翻译——把这些制度智慧引进汉语世界来。需要说明的是，尽管此类翻译向称严肃的学业，无论编者、译者还是读者，都会因其理论色彩和语言风格而备尝艰涩，但该工程却绝非寻常意义上的“纯学术”。此中辩谈的话题和学理，将会贴近我们的伦常日用，渗入我们的表象世界，改铸我们的公民文化，根本不容任何学院人垄断。同样，尽管这些选题大多分量厚重，且多为国外学府指定的必读书，也不必将其标榜为“新经典”。此类方生方成的思想实验，仍要应付尖刻的批判围攻，保持着知识创化时的紧张度，尚没有资格被当成享受保护的“老残遗产”。所以说白了：除非来此对话者早已功力尽失，这里就只有激活思想的马刺。

主持此类工程之烦难，足以让任何聪明人望而却步，大约也惟有愚钝如我者，才会在十年苦熬之余再作冯妇。然则晨钟暮鼓黄卷青灯中，毕竟尚有历代的高僧暗中相伴，他们和我声应气求，不甘心被宿命贬低为人类的亚种，遂把迻译工作当成了日常功课，要以艰难的咀嚼咬穿文化的篱笆。师法着这些先烈，当初酝酿这套丛书时，我曾在哈佛费正清中心放胆讲道：“在作者、编者和读者间初步形成的这种‘良性循环’景象，作为整个社会多元分化进程的缩影，偏巧正跟我们的国运连在一起，如果我们至少眼下尚无理由否认，今后中国历史的主要变因之一，仍然在于大陆知识阶层的一念之中，那么我们就总还有权想象，在孔老夫子的故乡，中华民族其实就靠这么写着读着，而默默修持着自己的心念，而默默挑战着自身的极限！”惟愿认同此道者日众，则华夏一族虽历经劫难，终不致因我辈而沦为文化小国。

一九九九年六月于京郊溪翁庄

目　录

引　言

> 我谈论的是几百万人，有人向这几百万人头头是道地反复灌输害怕、自卑感、颤抖、下跪、绝望、奴性。（埃梅·塞泽尔，《关于殖民主义的讲话》）

不会在今天爆发。这为时太早……或许太晚。

我丝毫不具备决定性的事实。

我的意识未被必要的闪光点透过。

然而，我完全客观公正地认为有些事情还是说出来为好。

这些事情，我要说出来，而不是喊出来。因为长久以来，叫喊就已离开我的生活。

而且是如此地遥远……

为什么写这部作品？谁也没请我写。

尤其是此书所针对的读者们没请我写。

那又为何呢？于是，我平静地回答说在这个世界上有太多的痴愚者。既然我这么说,那么就要加以证实。

走向一种新的人道主义……

理解人类……

我们的有色人种弟兄们……

人类,我相信你……

种族偏见……

理解和爱……

几十页乃至几百页的文字包围着我并试图使我接受。然而,只要一行字就够了。只需提供单单一个答复,黑人问题就失去其严重性。

人想要干什么?

黑人想要干什么?

即使会遭到我的有色人种弟兄们的怨恨,我也要说黑人不是人。

有一个无生命地带,一个特别贫瘠和干旱的地区,一个基本上光秃秃的斜坡,这块地方可能是真正的黑人发祥地。在大部分的情况下,对黑人来说,诞生在这样一处人间地狱没什么好处。

人不仅仅可能发生复兴和否定。如果产生意识确实是超验性的活动,那么我们也应知道爱和理解的问题始终萦绕着这种超验性。人是宇宙和声中的一个响亮有力的“是”字。你争我夺、四分五裂、混乱、被迫看到自己描述的真相一拨一拨地废除，人应该停止在世界中规划那与之共存的矛盾。

黑人就是黑人；就是说由于一系列的感情的迷乱，他在一个本应该把他从中赶出去的世界中定居下来。

这问题很重要。我们完全倾向于将人从自己的肤色中解放出来。这将进行得很慢，因为人被分成两个阵营：白种人和黑种人。

我们会顽固地探询那两个空想，并终将发现这两个空想经常使人软弱无力。

我们毫不怜悯以前的地方长官和传教士。我们认为热爱黑人的人和厌恶黑人的人一样，都是“有病”的。

而想使自己的肤色变白的黑人与鼓吹仇恨白人的黑人一样，都是不幸的。

黑人绝对不比捷克人更可爱。的确，他们也确实被抛弃了。

此书本该在三年以前写的……但当时的事实使我们激动，今天，我们终于可以心平气和地将这些事实说出来，而且也不再需要为这些事实毫不客气地责备他人。我们不想让这些事实再使我们变得亢奋，因为我们不信任亢奋这一情绪。

每当人们在某处看到这一情绪，它预示着战火、饥饿、贫困……以及对人的蔑视。

亢奋尤其是无能者们的武器。

铁匠们熟知打铁须趁热，人们起跑之前也需要先热身，或许我们终将发现：我们的动力往往来自自身。

人从别人的阻力所构成的跳板中解放出来并在自己的肉体中挖掘，为了给自己找得一种见解。

读我们书的人中只有几个人会猜测到我们在编纂这部著作中所遇到的困难。

在一个怀疑论者的怀疑扎根于世界的时期，在一个由一帮卑鄙家伙说了算的时期，不再可能辨别意义和非意义，要回到一个还未运用有意义和无意义范畴的水平变得十分艰难。

黑人想当白人。白人拼命想实现人的等级地位的划分。

在读这部作品时，我们会看到一篇关于黑人—白人关系的理解的论文。

白人将自己封闭在自己的白色中。

黑人则将自己封闭在自己的黑色中。

我们将试图确定这种双重的自我陶醉及其反映的动机的倾向。

我们觉得在深入思考的开始就透露那些大家将要读到的结论是不合适的。

唯一指导我们努力的是对能否结束这种恶性循环的忧虑。

一些白人认为自己比黑人优越，这是事实。

一些黑人想不惜一切代价向白人证明自己思想丰富，自己有同样的智力，这同样也是事实。

如何摆脱这种现状呢？

刚才我们使用了“自我陶醉”这个词。的确，我们认为只有对黑人问题做心理分析的诠释才能揭示这复杂体系中的情感异常。我们努力地全面剖析这个病态的世界。我们认为一个个体应该试图承担人类地位固有的世界性。而在提出这一点时，我们无区别地想到一些如戈比诺[①]那样的男人或一些如马伊奥特·卡佩西亚（Mayotte Capécia）那样的女人。但要达到这种理解，要紧的是摆脱一些缺点，一些自孩童时期留下的后遗症。

尼采说，人的不幸是曾经当过孩子。然而，正如夏尔·奥迪埃（Charles Odier）让人明白的，我们不会忘记神经官能症患者的命运始终掌握在自己的手中。

尽管这个看法对于我们来说可能是如此地艰难，但我们不得不这么做：对于黑人，只有一种命运，那就是成为白人。

在开始分析前，我们要说说某些事情。我们进行的分析是心理学意义上的。然而，显然我们认为黑人的真正正常化意味着在经济和社会两个方面，黑人自我意识的突然觉醒。如果有自卑感，那是由于一个双重的过程。

——首先是经济方面；

① 戈比诺，法国外交官和作家，他那篇关于日耳曼种族主义的论文《论人类种族之不平等》受到了泛日耳曼主义者和纳粹的欢迎。——译注

——然后由于这种自卑的内心化，或不如说是本能化。

弗洛伊德在反对19世纪末的立宪主义倾向的同时，通过心理分析要求人们考虑个人的因素。他用个人发育的观点来代替一种系统发育的论点。人们会明白黑人的异化不是一个个人问题。除了系统发育和个人发育，还有社会发育。在某种意义上，为了符合勒孔特和达梅[1]的意见，我们不得不承认这里会涉及一个社会诊断的问题。

预兆是什么？

但社会与生化过程相反，回避不了人的影响。正是因为人的存在，社会才成了如今的样子。预兆掌握在那些想要动摇社会体系的被虫蛀蚀的根基的人手中。

黑人应该在这两方面进行斗争：其一，从历史上看，他们受条件限制，一切单方面的解放都不完善，而其中最糟糕的错误是相信他们那无意识的依赖性。况且，事实与这样一个系统倾向完全相反。我们将在下文指出这一点。

这一次，现实要求我们全面理解。无论是在客观还是主观层次上，我们都应当给出解决方案。

而用不着唱着“固执可笑的人——这是——我的——错”来宣布问题在于拯救灵魂。

---

① 勒孔特和达梅：《论当今精神病学科的疾病分类》。

只有当一切事物都在最唯物主义的意义上重新就位，才能真正地去异化。

习惯上，心理学的书籍都会在前言中提出一个方法论的观点，但我们做不到这一点。我们将方法论留给植物学家和数学家们。这些方法论到了某个点就会自行消失。

我们愿意站在这个点上看问题。我们试图发现黑人面对白人的文明所采取的不同立场。

这里并不考虑“偏僻荒漠地区的离群索居者”。因为对于他们，某些因素并没有分量。

我们认为白种人和黑种人的对峙引起大量存在主义心理学上的黑白人种混合体。我们将带着摧毁他们的目的来分析他们。

许多黑人不会在随后的字里行间重新出现。

许多白人也一样。

但对我而言，自己对精神分裂症患者的世界或性无能者的世界一窍不通，这一事实丝毫无损于他们的现实。

我打算描述的态度是真实的。它们一次又一次地反复出现在我的脑海里。

在大学生身上，在工人身上，在皮加尔①或马赛的皮条客身上，我辨认出同样的挑衅和消极因素。

---

① 皮加尔（1714—1785），法国雕塑家。——译注

这部作品是一个临床研究。我相信那些在书中认出自己的人将取得进步。我真想引导我的兄弟，黑人或白人，最坚决地抖落掉身上那件由几个世纪的不理解所编织的悲惨的号衣。

当前工作的筑造处于时间性中。一切人的问题都要求从时间的角度来看待。理想的情况就是现在始终被用于构造未来。

而这个未来并不是宇宙的未来，却是我这个时代、我的国家、我的生命的未来。我绝不应该去规划一个在我之后的世界。我顽强地属于我的时代。

我应该为了这个时代而生活。未来应该由生存着的人来持久打造。在我假定现在是个需要超越的事物的情况下，这个打造过程与现在有关。

前三章主要讨论现代的黑人。我在第一章谈论现今的黑人并试图确定他们在白人世界中的态度。第二、三章试图对黑人的**存在**做心理病理学和哲学的解释。

这样的分析过程是逆退式的。

第四章和第五章则属于完全不同的方面。

在第四章里，我将批判一本在我看来十分危险的著作。[1]况且作者马诺尼先生清楚地表达了自己的暧昧立场。这可能是他的作品的价值之一。他试图说明一种形势。我们有权对此表

① O.马诺尼：《殖民化的心理学》，瑟伊出版社，1950年。

示不满。我们有权向作者指出我们在什么方面与他意见不同。

题为“黑人的实际经验”的第五章，从种种理由上来说，是十分重要的。它展示的是面对自己种族的黑人。人们会发觉在这一章里所谈的黑人，同力图与白种女人睡觉的黑人之间，没有什么共同之处。我们在后者身上重新发现了成为白人的欲望。无论如何，这是一种报复的欲望。——在这本书中却相反，我们将目睹一个黑人不顾一切地努力，拼命要发现黑人身份的含义。白人文明、欧洲文化迫使黑人生活偏离。我们还将指出，所谓的黑人精神常常是白人文化的产物。

文明的、作为黑人神话的奴隶的、自发的、宇宙的黑人，在一个特定的时候感到他的种族不再理解他们。

或者是他们不再理解他们的种族。

于是他们为此感到高兴，并发展这种差异，这种不理解、这种不和谐，他们从中找到自己真正的人性的含义。或非常难得地，他们想属于自己的种族。那是由于他们盛怒之下说气话，心里却稀里糊涂，所以陷入这个大黑洞。我们将看到这种如此绝对的好态度，凭着对神秘的过去的信仰拒绝了当下和未来。

作为安的列斯人，我们的观察和结论只对安的列斯人有用——至少关于**在他乡**的黑人的内容是这样。我们本来还想对存在于安的列斯人和非洲人之间的分歧做出解释。可能我们有朝一日会做的。这解释也可能会变得无用，对此，我们只会感到高兴。

第一章　黑人和语言

我们对语言现象极其重视。所以我们认为这一探讨很有必要，因为它应该能够给我们提供理解有色人种的“为他人服务”层面的要素之一。让人听明白说的是什么，这绝对是为他人而生存。

黑人具有两面性。一面是和像他一类的人在一起，另一面是跟白人在一起。一个黑人在与一个白人在一起时的表现有异于与另一个黑人在一起时的表现。毫无疑问，这种表现上的分裂是殖民主义冒险的直接后果……它将主要脉络藏在各种不同理论的中心，这些理论想使黑人慢慢地从猴变成人，谁也不想对此提出异议。这些是明摆着的客观事实，它们表明了现实。

但当人们分析这一状况，当人们明白了这个状况时，人们认为任务就结束了……那么，在冲下历史的阶梯时，怎么没有重新听到这个声音：“问题不再在于认识世界，而是在于改造世界。”

可怕的是，在我们的生活中，问题就在于此。

说话，就是能够运用某种句法，掌握这种或那种语言的词法，但尤其是承担一种文化，担负起一种文明。

由于情景并不是单一意义的，被叙述的事物必然受此影响。我们愿意接受某些观点，无论这些观点最初看起来多么无法接受，我们最终会在事实中发现证明其正确性的标准。

我们在这一章中思考下面这个问题：由于将法语变成自己的语言，安的列斯黑人肤色变得更白了，也就是说将更接近真正的人。我们不是不知道这就是人面对存在的态度之一。一个掌握语言的人就拥有这种语言所表达的和暗示的世界。人们明白我们到底要说什么：在语言的掌握中有一种异乎寻常的威力。保尔·瓦莱里知道这一点，他使语言变为

“迷失在肉欲中的神”①

我们打算在一部正在酝酿的作品中②研究这种现象。

待会儿，我们要说明为什么安的列斯黑人，不管他是什么样的人，始终要面对语言问题。我们还要扩大我们的描述领域，将除了安的列斯人之外的一切被殖民的人都纳入我们的描述。

一切被殖民的民族——一切由于地方文化的独创性进入坟墓而内部产生自卑感的民族——都要面对开化民族的语言，即

① 《魅力》。
② 《语言和挑衅》。

面对宗主国的文化。被殖民者尤其因为把宗主国的文化价值变为自己的而更要逃离他的穷乡僻壤了。他越是抛弃自己的黑肤色、自己的穷乡僻壤，便越接近白人。在殖民军中，尤其在塞内加尔的土著步兵团中，土著军官首先是翻译。他们的作用是把主子的命令传达给他们的同类人，这样他们自己也能享受到某种荣耀。

有城市，就有乡村。有首都，就有外省。看起来这也是同样的问题。举一个在巴黎的里昂人为例；他在巴黎夸赞自己城市的平静，罗讷河码头周围的美，悬铃木的壮观，以及受那些无所事事的人称颂的那么多的别的东西。如果你在他从巴黎回来时遇见他，尤其如果你没到过这首都，那他就会对巴黎赞不绝口：巴黎——灯火辉煌之城、塞纳河、咖啡馆。到过巴黎就死而无憾。

在马提尼克岛人这里，这个过程又重复了。首先在这个岛上：巴斯潘特、马里戈、格罗莫纳以及对面那庄严的法兰西堡。然后，重点是——在这个岛之外。到过法国本土的黑人会被视作半神。就此主题我转述一个事实，这个事实想必会打动我的同胞们。许多安的列斯人在法国长期或短期逗留后，回来之后被人们神圣化。那从未走出过自己洞穴的土著——“bitaco”——和他们一起形成了一组最鲜明的对比。在法国生活过一段时间的黑人回来时彻底转变了。为了从遗传学的角度阐释我们的观点，我们说他的表现型受到脱胎换骨的变化。[①] 在他动身之间，人们看到他那几乎轻飘飘的步子，感到一些新生力量开始行动了。当他碰见一个朋友或一个同伴时，就不再是他迈开的步伐表现出这一点：黑人的未来已经悄悄地屈服了。那平时沙哑的嗓音让人猜想到一种由轻微响声形成的体内动作。因为黑人知道在那儿，在法国，有一个黑人自己的观念，这个观念在勒阿弗尔或马赛会紧紧地抓住他："我是马提尼克岛人，我是第一次到法国"；他知道诗人们称作"神的喁喁私语"的东西（指克里奥尔语）只不过是黑人和法国人之间的一个调和。安的列斯岛上的资产阶级不使用克里奥尔语，除了在和仆人联系时。在学校里，年轻的马提尼克岛人学会了瞧不起讲方言的人。人们谈论**克里奥尔主义**。某些家庭禁止使用克里奥尔语，当孩子们说这门语言时，他们的妈妈就会骂他们是"乡巴佬"。

我的母亲要一个记事的儿子
假如你不知道历史课
你就不要穿着节日的衣服
去做星期日的弥撒
这个孩子将是我们姓氏的耻辱

① 通过这些我们想说的是，那些回到家人身边的黑人给人的印象是，他们结束了一个学习阶段并给自己添加了一些他们缺少的东西。他们十分自负地回来了。

这个孩子将是我们的诅咒语
住嘴，我已经跟你说了
你必须说法语
法国的法语
法国人的法语
法文的法语。[1]

对，我必须注意自己的口头表达，因为别人或许会通过这个来评判我……别人会十分轻蔑地说我：他甚至不会说法语。

在一群年轻的安的列斯人中，表达能力强、语言熟练的人让人非常敬畏；人们会对他多加提防，因为他几乎相当于白人了。在法国，人们这样形容出口成章的人：说得像本书；在马提尼克岛则成了：说得像个白人。

到了法国的黑人要抵制马提尼克岛人那 r 字母不发音的传统。他要抓住这一点，并真正地开始一种同自己的公开冲突。他不仅要卷舌发 r，而且要拖长卷舌音。他密切注意别人最细微的反应，听自己说话，怀疑自己的舌头——可惜这器官很迟钝——他会把自己关在房内并朗读几个小时——想要拼命变成“演讲的语音语调”。

---

① 莱翁-G.达马：《阻碍》。

最近，一位同志向我们讲述了一个故事。一个马提尼克岛人到达勒阿弗尔，走进一家咖啡馆。他十分有把握地吆喝道：“Garrrçon! un vè de biè.”①我们在这儿看到真正的走火入魔。他操心着不要成为吃掉 r 字母的黑人形象，对此做了大量的准备，但他不懂得分配自己的努力。

黑人中有这样一种心理现象：他们相信随着国家边境的打开，世界也会变得更加开放。黑人长期被关在自己的岛上，迷失在一种没有一点出口的氛围中，感到这个欧洲的召唤好像是个透气孔。应该说，因为塞泽尔在他的《回乡笔记》中是宽宏大量的。这个城市——法兰西堡——是真正的萧条、失败。那儿，在太阳的侧面，“这座萧条的、暴露的、失去其理智平衡的、呆滞的，在其永远重新开始的精神十字架的重负之下气喘吁吁的，听天由命的，沉默的，受尽挫折的，不能按这片土地的精华成长的，受阻塞的、被侵蚀的、缩小了的、断绝了动物和植物的城市”。

塞泽尔对此的描述毫无诗意。人们于是明白黑人在宣布他进入法国（犹如人们说到某个“步入社交界”的人）时，狂喜不已并决定改变。而且，没有主题的分类，他决定改变一切与反思过程无关的构造。在美国，有一个由皮尔斯和威廉森领导的研究中心，即佩卡姆（Peckam）中心。研究人员证实了在已婚的人身

① 正确的法语应为“Garçon! un verre de bière.”，意思是：“服务员！来杯啤酒。”这里，他故意拉长了 garçon 中 r 字母的发音，却将后面所有的 r 发音都漏了。——译注

上有种生化变异，且他们似乎发觉了在一个怀孕妇女的丈夫身上会出现某些激素。还有一点也很有意思，而且确实会有人这么做，那就是研究这些黑人在到达法国时的激素变化。或者单单通过测试来研究他们出发前和在法国安顿了一个月之后的心理改变。

在约定俗成的人类科学中有个悲剧。是否应该假设一个典型人类现实性并只考虑到一些缺点和短处，描述他的体态、行为、思想的方式？难道不应该不懈地尝试着对人做具体和不断的新理解吗？

当我们了解到人类从二十九岁起就失去了爱的能力，并必须等到四十九岁时他的情感才会再次出现时，我们感到天塌地陷。只有在提出问题的明文条件下人们才会走出这种境地，因为所有这些发现，所有这些研究只趋向一件事：使人类承认自己没什么价值，绝对的毫无价值——他必须结束这种自恋的情绪，正是因为这种情绪，人才会想象自己与其他“动物”不同。

这里边不多不少地有**对人的妥协屈服**。

总之，我大把地抓住了我的自恋情绪并拒绝与那些将人视作机器的卑鄙小人为伍。如果讨论不能在哲学方面开展，就是说在人的实在性的基本方面，那么我同意把讨论引到心理分析方面，即讨论“不打火”，这是就人们所说的一台发动机不打火的这个意义。

抵达法国的黑人变了，因为对他来说，法国本土代表着圣幕；他的改变不仅是因为法国有孟德斯鸠、卢梭和伏尔泰，更是因为法国有医生、科长、无数的小有权势者——从“服役十五年”的中士长直到出生于帕尼西耶尔的宪兵。法国有着某种远距离的吸引力，而一个星期后动身到法国去的人在他周围形成一个富有魔力的小圈子，在这个圈子里，巴黎、马赛、巴黎大学、皮加尔代表天穹的钥匙。他出发了，随着大客轮的轮廓明显起来，他的一截生命消失了。他从送他的人们的眼中看出自己的能力和变化。“再见马德拉斯布，再见头巾……”

现在我们把他领到港口，让他航行吧，我们会再找到他。现在，我们去迎接他们中一个回来的人。他作为“下船的人”，从与他接触的那一刻起，我们就可以确定：他只会说法语了，而且通常来说，他也听不懂克里奥尔语了。关于这一点，民俗学给我们提供了说明。一个农民在法国过了几个月后，回到他家人跟前。他看到一件农具，就问他父亲，一个乡下老人：“这玩意儿叫什么？”他父亲一语不答，把农具砸在他脚上，于是遗忘症消失了。奇特的疗法。

这儿有一个“下船的人”。他不再懂得方言，他谈论歌剧院，尽管他可能只是远远瞥见过这个歌剧院，但他尤其会对自己的同胞们采取批评的态度。面对最小的事情，他以当地人的姿态出现。他是明白人。他因自己的语言而暴露身份。在萨瓦内，法兰西堡的青年们聚集在一起，这景象十分说明问题：话语权立刻被“下船的人”夺去——一出校门，他们就在萨瓦内相聚。似乎有一首诗描写萨瓦内。你们想象一下一个二百米长、四十米宽的场所，旁边以被虫蛀蚀的罗望子树为界，上面是那巨大的烈士纪念建筑物——祖国感谢她的儿女，下面是中央饭店；一个铺着高低不平的铺路石和石子的场所，脚踩上去，石子就会在脚下滚动；三四百个年轻人关在所有这一切中，他们爬上爬下，互相攀谈，互相吵架，没有从不吵架的，他们互相分手。

“最近咋样？”

“还行。你呢？”

“也还行。”

而五十年来都是如此。对，这个城市被悲惨地摧毁了。这里的生活也是如此。

他们又相遇和交谈。而那个“下船的人”之所以能很快掌握话语权，那是因为**人们希望如此**。首先是他的言行举止：最小的错都会被抓住并且大做文章，并在不到四十八小时之内传遍整个法兰西堡。人们不原谅那显示优越的人未尽到责任。例如：“我在法国未能看到骑马的宪兵”，这下他就完蛋了。他只剩下一种抉择：摆脱他的巴黎腔或出尽洋相。因为人家丝毫不会忘记;如果结了婚,他的妻子将知道她嫁了个麻烦,而他的孩子们将有个轶闻趣事要去面对和克服。

这种个性的扭曲来自哪儿?这种新的生活方式来自哪儿?达穆雷特(Damourette)和皮雄(Pichon)说一切民族语言都是一种思想方式。接受一种跟自己的母语不相同的语言,这个事实对一个抵达法国的黑人显示出一种差距,一种区分。魏特曼教授在《今日非洲》中写道,黑人中存在着一种自卑感,受过欧洲教育的人尤其能感受到这一点,于是他们不断努力地控制这自卑感。他补充道,为此所使用的方式经常是很天真的:“穿欧洲服装或戴些最新式的不值钱的小玩意儿,采用欧洲人使用的东西及其文明的外表,用欧洲表达法修饰当地的方言,在用欧洲语言说话或写作时滥用浮夸的句子,这一切发挥是为了达到一种和欧洲人平起平坐的感觉和模拟欧洲人的生活方式。”

我们想参考别的著作和我们个人的观察,试着指出为什么黑人面对欧洲语言时会表现得如此特别。我们再一次提醒,我们得出的结论对那些法籍安的列斯岛人有用;然而我们也知道在一切受过殖民统治的种族内部能找到这些相同的行为。

我们曾认识一些原籍贝宁或刚果而说自己是安的列斯岛人的同志,不幸的是,现在还认识一些这样的同志;我们曾认识并且现在还认识一些安的列斯岛人,当人家怀疑他们是塞内加尔人时,他们就生气。因为安的列斯岛人比非洲黑人更“文明”

些：你们要明白他们更接近白人；而这一差别不仅存在于街上和大马路上，也存在于政府部门和军队里。所有在步兵团服过兵役的安的列斯岛人都知道这种混乱局面：一边是欧洲人，老侨民或出生在欧洲的人；另一边是其他的步兵。我们想起了有一天，正在激烈战斗中，步兵们准备端掉一个机枪掩体时遇到的问题。塞内加尔人三次冲锋，三次被打回来。于是他们中的一个问为什么那些非本地人不过去。在那种时候，人们不再能知道谁是谁了，是非本地人还是土著。然而许多安的列斯岛人，并不感到这种局面混乱，反而认为是完全正常的。他们等的就是这个：把我们与黑奴相似对待！从欧洲来的人瞧不起在殖民地招募的土著士兵，于是安的列斯岛人以无可争议的主人身份指使着整个黑人队伍。除此之外，我转述一件至少是滑稽可笑的事：最近，我跟一个马提尼克岛人交谈，他很愤怒，告诉我某些瓜德罗普岛人假装是马提尼克岛人。他补充说，但人们很快觉察到了异常，他们更不开化；你们还要明白这个意思：他们离白人更远。有人说黑人喜欢长时间地闲谈；而从我这方面来说，当我说"闲谈"这个词时，我看到一群兴高采烈的孩子向世界发出一些无表达力的号召，嘶哑的呼声；如果可以把游戏设想为生活的启蒙的话，那么这些孩子玩得正欢。黑人喜欢长时间闲谈。"黑人只不过是孩子。"要让人们接受这个新的提议并不是很难。这里心理分析家们的情况很有利，而"口头"这个字眼很快被放弃了。

但我们应该看得更远些。为了能在这里把问题提得全面，语言问题太重要了。皮亚杰(Piaget)的出色研究告诉我们要区别语言出现的阶段，而热尔布(Gelb)和戈德斯坦(Goldstein)的研究向我们指出语言的功用是分阶段和分程度的。这里我们感兴趣的是面对法语的黑人。我们要搞明白为什么安的列斯岛人十分喜欢讲法语。

让-保罗·萨特在《黑人和马达加斯加诗歌选》的引言中告诉我们，黑人诗人们将回过头来反对法语，但对于安的列斯岛的诗人来说，这种说法是错的。而且，在这个问题上我们同意米歇尔·莱里(Michel Leiris)先生的意见，不久前，关于克里奥尔语他写道："(克里奥尔语)目前仍然是大家多少懂得一点的民间语言，而文盲则除法语外只讲这种语言，当教育(尽管其发展是如此缓慢，由于学校数量太有限，可供公共阅读的图书匮乏和物质生活水平经常过低而受到阻碍)在居民的贫苦人阶层中相当普及的时候，克里奥尔语似乎注定迟早会列入过时的行列。"而且，作者补充说："对于我这里谈到的诗人们来说，问题丝毫不在于通过使用一种借来的并且不管其内在本质如何，都是缺乏外在光彩的语言——在菲列布里什派①的生动别致方面——使

① 1854年在法国南方普罗旺斯成立的文学流派，主张用法国南方的奥克语写作。——译注

自己变成‘安的列斯岛人’,而是要在面对充满根深蒂固的最坏的偏见和越来越明显地表现得毫无道理地骄傲的白人时,显示他们人身的完整性。”①

如果说有个名叫吉贝尔·格拉西安(Gilbert Gratiant)的人用方言写作,那么必须承认这是罕见之事。而且我们还要考虑到这些作品的诗意是非常可疑的。相反,却有一些从沃洛夫语和珀尔语翻译过来的真正作品,且我们饶有兴趣地关注到了谢克·安塔·迪奥普(Cheik Anta Diop)的语言学研究。

在安的列斯岛,一切都迥然不同。官方口语是法语;小学教员紧紧监视着孩子们不要使用克里奥尔语。我们不谈那些引用的理由。因此,看起来可能会出现如下的问题:在安的列斯岛和在布列塔尼一样,有方言和法语。但这错了,因为布列塔尼人并不认为自己低于法国人。布列塔尼人没有受过白人的开化。

我们拒绝提供更多的例子,但也有可能因此无法确认病灶所在;然而,重要的是告诉黑人决裂的态度从未救过任何人;且如果是真的因为我不能呼吸了,我应该摆脱压制我的人的话,那么我们仍然可以理解,在生理基础上,构造性的呼吸困难,再加上“无法扩张”的心理因素,就变得不健康了。

这是想要说什么呢?简单地说就是这个意思:如果一个安

① 《马提尼克岛—瓜德罗普岛—海地》,载《现代》,1950年2月,第1347页。

的列斯岛的哲学学士援引自己的肤色，宣布不参加教师资格考试，那么我说哲学从未救过任何人。如果另一人拼命向我证明黑人与白人一样聪明，那么我说：聪明也从未救助过任何人，而且这是千真万确的，因为如果人们凭聪明和哲学来宣布人的平等，那么人们也能凭这个决定人的毁灭。

在继续讨论之前，我们觉得有必要说说某些事。这里我一方面谈到精神错乱的（受欺骗的）黑人，而另一方面，谈论精神错乱不亚于前者的（欺骗人的和受欺骗的）白人。如果说有个叫萨特的人或有个叫韦尔迪埃的红衣主教说黑人问题的议论只是历时太久了，那么人们只能下结论说他们的态度是正常的。我们也可以增加参考和引文并说明“肤色的偏见”确实是愚蠢，极不公正，必须消灭。

萨特在他的《黑色俄耳甫斯》开篇中写道：“如果您拿掉堵住这些黑人嘴的塞口物，那您希望怎么样呢？让这些嘴来歌颂您？您是不是想让这些一直被我们的父辈用武力压在地上的脑袋重新抬起来，从他们的眼里看出崇敬之意？”[①]我不知道，但我说想从我眼中找到除了永远的疑问之外的东西的人该是瞎了眼；既没有感激，也没有仇恨。而如果我大呼一声，他将丝毫不是黑人。不，在这里采取的观点中，没有黑人问题。即便是有，

---

① 让-保罗·萨特：《黑人和马达加斯加诗歌选》前言。

也是有一个白人偶尔感兴趣的黑人问题。这是发生在黑暗中的一个故事，因此必须让我辗转寻觅的太阳照亮那些最小的隐蔽角落。

内罗毕的马塔里精神病医院的医生戈尔东博士在东非的《医学快报》的一篇文章中写道："对由一百个正常土著人大脑构成的一个系列做最高水平的观察，用肉眼证实其中并没有新的，即有着处于发展最终阶段的细胞的大脑。"而且，他补充说："这种缺陷在数量上占14.8%。"（艾伦·伯恩斯爵士援引[①]）

有人说黑人把猴子和人联系起来，当然，指的是白人；而艾伦·伯恩斯爵士只是在第120页上才总结说："因此我们不能把黑人劣于白人或源自不同始祖这样的理论看作是有科学依据的。"我们补充一下，我们能够很容易地指出如下这类提议之荒谬："根据《圣经》，白种人和黑种人的区分将在天堂和人世延续下去，而受天国欢迎的土著们将分别送往《新约》中提到的某些天堂。"或者还有："我们是被挑选出来的人民，看看我们皮肤的颜色，别的人民是黑色和黄色的，这是因为他们的罪孽。"

对，正如大家所见，通过号召人道、自尊心、爱心、慈善，我们会容易地证明或让人接受黑人是和白人平等的。可是我们的目的完全是另一回事：我们想要的是帮助黑人摆脱那诞生于殖民

---

① 《种族和肤色的偏见》，第112页。

环境内部的桎梏。里昂的公园中学老师阿希尔先生在一次讲座中援引一桩个人奇遇。这个奇遇广为人知。居住在法国的黑人很少没有经历过这种奇遇。他身为天主教徒，到一个学生朝圣队伍中去。一个神甫在自己队伍中打量这个棕色皮肤的人，对他说："你为什么离开大萨瓦内而来跟我们在一起？"那个被询问者非常谦恭地做了回答，故事中的这位受窘者并不是背弃萨瓦内的青年。大家对这个误会一阵大笑，于是继续朝圣。但如果我们在这上面留心一下，我们会发现那个神甫用蹩脚法语跟人说话引起各种各样的意见：

1. "我了解黑人；必须亲切地跟他们说话，跟他们谈他们的家乡；必须会跟他们谈话，这就是问题所在。更确切地说，要明白……"我们并不夸大其词：一个白人跟一个黑人说话完完全全表现得像个成年人跟一个孩子在说话，不断低声地、可亲地、温和地说话。我们观察了不止一个白人，而是几百个；且我们的观察没有针对某一个类别的人，但我们秉承着客观公正的理念，想在医生、警察、工地承包人身上研究这个事实。有人会忘了我们的目的，让我们把精力放在其他地方，还说并不是所有白人都像我们描述的那样。

我们回答这些辩驳者，我们这里批评一些受愚弄者和故弄玄虚者，一些精神错乱者，如果有一些白人面对一个黑人行为正确，这正是我们不需要去研究的情况。这并非因为我的病人的肝功能很好,我才会说:肾脏健康。肝脏已被确认正常,我就让这肝脏处丁正常状态,这也是很正常的事。于是我去查看肾脏;在这种情况下,就是肾脏有病。这意思是说除了一些按照人的心理学而言行为健康的正常人之外,还有一些按照非人类心理病态行事之人。而碰巧这一类人的存在决定了一定数量的现实的处理方式,我们想要对这些现实做出贡献。

以这种方式跟黑人说话,这是接近他们,是使他们放松自在,是想让他们了解自己,是使他们放心……

门诊部的医生知道这一点,二十个欧洲病人相继而来:“先生,请坐……您为什么来?……您哪儿不舒服?……”——来了一个黑人或阿拉伯人:“我的朋友,坐下吧……你怎么啦?……你哪里不舒服?”——而不是:“你有什么毛病?……”

2. 跟一个黑人讲蹩脚法语,这会使他不快,因为他正是那种讲蹩脚法语的人。然而,人家会对我们说他明白这不是故意想使他生气。我们同意此说,但正是这种不经意,这种随随便便,这种漫不经心,这种用以注视他,束缚他,使他处于原始状态,反对使他变得开化的随意态度,伤害了人。

如果说一个人对有色人种或一个阿拉伯人说蹩脚法语,他却不承认在这行为中有缺陷,有毛病,那是因为他从未思考过。就个人而言,有时我们在询问某些病人时,会感到在什么时刻我们忽略了什么……

面对这个低能，正在痴呆过程中的七十三岁的老农妇，我突然感到我那用来感受外界和通过它们来被外界感知的耳目失灵了。对于我来说，采取一个适合痴呆、低能患者的语言；“关心”这个可怜的七十三岁老人；去接近她，为她诊断，这些是我在思考自己的人际关系中的伤痕。

有人会说，这是理想主义者的做法。非也，只不过是其他人都很卑鄙罢了。至于我，我始终用正确的法语跟“北非的大胡子们”（bicot）说话，且人家总能听懂我的话。他们尽可能地回答我，但我拒绝对他们做一切家长式的理解。

“你好，我的朋友！哪儿不好？哎？喂看一下好吗？肚子？心脏？”

……带有一点点门诊部的下属人员非常熟悉的口音。

当答复是用同样的方式时，人们问心无愧。“您瞧，我可不是在跟您瞎扯。他们就是这样。”

在相反的情况下，我就必须收回伪装并以正常人的姿态出现。整个结构便倒塌了。一个黑人对你说：“先生，我丝毫不是你的朋友……”天大的新鲜事儿。

但我们应当到社会更底层去。您在鲁昂或斯特拉斯堡的一家咖啡馆里，不幸的是，一个醉酒的老头瞥见了您。他坐到您的桌边：“你非洲人？达喀尔、吕菲斯克、妓院、女人、咖啡馆、杧果、香蕉……”您站起身来离开了；却还会受到一阵咒骂：“该死的黑鬼,你在你那偏僻荒漠地方才不会装得这么了不起!”

马诺尼先生描述了他称作“发迹”情结的东西。我们将重新考虑这些发现,它将使我们能理解殖民主义的心理学。但我们已经可以说:

说蹩脚法语是表达这个思想:“你,待在你所在的地方。”

我遇到过法语讲得很糟糕的德国人或俄罗斯人。我试图用手势告诉他要问的情况,但这么做时,我根本不是要忘记他有自己的语言,自己的祖国,且他可能是他文明中的律师或工程师。总之,他对于我的群体而言是个外人,因而他的准则必然是不同的。

而黑人的情况就完全不同了。他们没有文化,没有文明,没有这“悠久的历史往昔”。

在这上面我们可以重新找到当代黑人的努力的根源:不惜一切代价向白人世界证明黑人文明的存在。

不管愿意不愿意,黑人应该穿上白人给他们做的号衣。看看儿童画刊,黑人都是嘴边挂着惯常的“是,先生”。在电影中,故事更加离奇。大部分在法国配音的美国影片复制出一些黑人典型:“Y a bon banania.”[1]在最近的一部影片《紧急下潜》中,人们看到一个黑人在潜水艇上服役,讲着最不规范的法语。况且

① 正确的法语应为“Il y a de bonnes bananes.”,意思是:“有好香蕉。”——译注

他真的是个黑人,走在后面,海军下士的略微发怒的动作就把他吓得发抖,并最终在意外遭遇中被杀害。然而我深信影片原版并不包含这种表达方式。而即使存在这种方式,我不明白为什么在六千万公民是有色人种的民主的法国,配音竟和原版配音同样愚蠢。因为黑人应该以某种方式出现,从电影《冷酷无情》中的黑人形象——“我,好工人,从不撒谎,从不偷窃”,直至《阳光下的决斗》里的女佣,我们再次发现这种老一套的刻板印象。

对,人们要求黑人是好黑奴;有了这个前提,余下的就顺利了。让他讲蹩脚法语,这是把他和他的形象联结起来,使他落入圈套,限制他,使他成为一种实质、一种他并不负有责任的**外在表现**的永久牺牲品。因此,就像一个犹太人随意花钱会显得可疑一样,能引用孟德斯鸠的黑人自然该受到监视。我们要明白:如果有什么牵扯到他的话,他才会被监视。当然,我并不认为黑人大学生会受到他的同学们或老师们的怀疑。但在大学环境之外,依然存在一群蠢人:重要的不是教育他们,而是引导黑人不要成为这一类典型的奴隶。

这些蠢人是一种经济—心理结构的产物,我们同意这说法:只是我们不对此做更多的引证了。

当一个黑人谈到马克思时,其他人第一反应如下:“我们培养了你们,而现在你们回过头来反对你们的恩人。忘恩负义的人!很明显,我们不能指望你们什么。”然后也有在非洲的种植园主那使人目瞪口呆无法辩驳的论据:小学老师是我们的敌人。

我们所肯定的是,欧洲人对黑人有一个确定的想法,没有什么比听到对自己说"您来法国多久了?您法语讲得很好。"更加惹人生气的了。

有人可能回答我说这是由于许多黑人用蹩脚法语表达自己。但这么讲是太容易了。你们在火车上,你们问道:

"劳驾,先生,请问餐车在哪儿?"

"行,我的朋友,你打走廊走,一直走,一、二、三,就是那儿。"

不,讲蹩脚法语,这是在束缚黑人,是使白人以非常有毒的异物侵扰黑人的这样一种冲突局面继续存在。没有什么比一个黑人正确表达自己更能引起轰动的了,因为他真正地安于白人世界了。有时我们会跟一些外籍的大学生交谈。他们法语讲得很糟:但是小克吕索埃,又名普罗斯佩罗,却表现得十分自如。他给他们做解释,教他们,评改他们的功课。对黑人来说,这种困惑达到了顶峰;他把自己放在了书本上。跟他在一起,玩耍是不可能的了,他纯粹是个白人的复制品。其他人都得俯首称臣。①

① "我在医学院认识了一些黑人……一句话,他们令人失望;他们的肤色应该使他们能给**我们**机会变得善意的、宽宏大量的或科学上友好的。他们未尽到这个责任,未尽到满足我们良好愿望的这个要求。我们那一切令人落泪的体贴,一切八面玲珑的关怀都是我们的包袱。我们没有黑人要去哄,也没有什么可恨他们的;他们几乎完全以每天发生的小小工作和无谓的弄虚作假这个天平来衡量我们本身的轻重。"——米歇尔·萨洛蒙:《从一个犹太人到一些黑人》,载《非洲影响》,第5期,第776页。

在所有刚才说过的事之后，人们明白黑人第一个反应是对那些打算给黑人下定义的人说不。人们明白黑人第一个行动应当是**反抗**，而既然黑人是参照他掌握语言的程度受到器重的，我们也就理解了为何“下船的人”只说法语，因为他倾向于强调已发生的决裂。他成为一个新型的人，使他的伙伴们，亲戚们接受他的新形象。他的老母亲不再听得懂他的话，他谈论他的衬衫，杂乱无章的简陋小屋、木棚……这一切都配上了适当的口音。

在世界各地，有投机者：“那些不再知道自己几斤几两的人”，而与之对应的，则有“那些保留住自己出身观的人”。如果从法国回来的安的列斯人想表示自己什么也未变，那他就会说方言。亲友们在码头上等他时，就感觉到这一点了。不仅因为他到达而等他，而且含有这层意思：我在等他**回来**。只需一分钟他们就能做出诊断。如果这位下船者对他的伙伴们说：“我很高兴又跟你们在一起了。上帝，这地方天气热，我不会在这儿待久的。”那么大家就明白了：来了个欧洲人。

在较特别的范畴中，当一些安的列斯大学生在巴黎相遇时，他们有两种可能性：

——要么拥护白人世界，也就是真正的世界，以及当时正在使用的法语，而他们仍有可能考虑一些问题并在结论中争取某种程度上的普遍性；

——要么不接受欧洲,"YO"[①],通过方言重新相聚,十分舒适地安顿在我们叫作马提尼克 umwelt(环境)里;由此我们想说——尤其对我们的安的列斯弟兄们说——当我们的同学中的一位,在巴黎或在某个其他城市的学院中,试图认真地考虑一个问题时,人家指责他装作了不起的样子,而解除他武装的最好办法是挥舞着克里奥尔语旗帜让他转向安的列斯世界。这也正是许多友谊在经历过欧洲生活就破碎掉的原因之一。

我们的目的是黑人的去异化,我们要他们感到,每当面对白人,他们之间不理解时,只是因为白人缺乏辨识力。

一个塞内加尔人学克里奥尔语,以便让人把他当作安的列斯人:我说这就是异化。

知道他的安的列斯人加倍嘲笑他:我说这是缺乏辨识力。

正如大家所见,我们认为对安的列斯人的用语做研究,能给我们揭示他世界的一些特征,这样的想法并没有错。一开始我们曾说过语言和集体之间有着互相支撑的关系。

讲一种语言是自觉地接受一个世界,一种文化。想当白人的安的列斯人尤其因为把语言这个文化工具当成了自己的而更

① 对"他者"的一种称呼方式,这里专门指"欧洲人"。

像是白人了。一年多以前,在里昂的一次演讲中,我对黑人的诗和欧洲人的诗做了对照,我记得一位法国本土的同仁热情地对我说:“其实,你是个白人。”我认为通过白人语言研究了一个如此有意思的问题这个事实给予了我公民权。

从历史上讲,我们应当理解黑人想要说法语的诉求,因为这可能是打开那些五十年前尚且不准他进入的大门的钥匙。我们在那些进入我们的描述范围的安的列斯人身上又看到一种对语言的微妙和非凡性的探求——这同样也是证明自己符合文化的办法。[①] 有人说:安的列斯的演说者有着能让欧洲人激动得快窒息的表达能耐。我想起了一件有意义的事:在 1945 年的选举活动中,众议员候选人埃梅·塞泽尔在法兰西堡男子学校向众多听众讲话。在演讲中间,一个妇女晕了过去。第二天,一位同志在叙述这件事时这么评论道:“法语是如此热情洋溢,以至于那位妇女激动得晕过去了。”[②]语言的力量!

有时候另外一些事实值得引起我们的注意:夏尔-安德烈·朱利安介绍埃梅·塞泽尔:“一位取得大学教师资格的黑人诗人……”,或还有非常简单的用语:“黑人大诗人”。

---

① 请参考因选举某位众议员候选人所产生的多得几乎不可置信的轶闻趣事。一张名为《自由的鸭子》的垃圾报不把 B 先生牵连到摘除内脏的克里奥尔主义誓不罢休。这确实是对安的列斯人的狼牙棒:**不会用法语表达**。

② 正确法语应为:“Le français était tellement chaud que la femme est tombée en transes.”,但这位同志的评论说成:“Français a té tellement chaud que la femme là tombé malcadi.”。——译注

在这些看起来合乎常理的现成句子中，有一种暗藏的微妙，一种固执的症结，它们似乎回应了对常识的迫切需求，因为埃梅·塞泽尔是一个黑人，也是一位诗人。要不是他写了些非常有意思的作品，我不知道让·波朗是谁；我不知道卡卢瓦能有多大年纪，只记得他的生活表现，他时不时地用他的生命在天空画上几笔。但愿人家毫不指责我们情感过敏；我们想说的是布雷东先生这么说塞泽尔是不对的："这是个运用法语的黑人，因为如今不是只有白人才能运用法语了。"①

但布雷东先生还是说出了实情，我看不出有什么反常现象之处，有什么要强调的东西，因为归根结底，埃梅·塞泽尔先生是个马提尼克岛人和大学教师。

我们再一次以米歇尔·莱里先生的话为例："如果安的列斯作家们意欲同与正式教学相结合的文学形式决裂，那么这一意愿由于趋向一个更开放的未来，不会具有民俗的外貌。他们想要首先以文学的形式表达出专属于他们的信息，至于有些人则至少是想要成为一个有着被忽视的可能性的真正种族的代言人，它们不屑于这种矫揉造作，因为对他们来说，他们的知识形成几乎是通过法语完成的，他们只能把这种语言当作一种习得的东西来使用。"②

---

① 埃梅·塞泽尔：《回乡笔记》引言，第14页。
② 米歇尔·莱里，前引文。

但黑人们将反驳我,像布雷东这样一个白人写这样的东西对于我们是种荣幸。

我们继续往下……

第二章　有色人种妇女和白种男人

人是向着世界和同伴的活动。侵略的活动会导致征服和被征服;爱的活动则是自我的馈赠,是所谓的道德取向的最终界限。一切意识似乎能够同时或交替地表现这两种构成部分。被爱的人有力地支持我对我的阳刚之气进行假定,而想要无愧于别人的赞赏和爱慕的心理却在我们的世界观里,编织了一个更被看重的上层建筑。

在这类现象的理解方面,分析家和现象学家的工作显得十分艰难。虽然有个叫萨特的人描写了失恋,《存在和虚无》这本书只不过是对恶意和不真实性的分析,那么还是有真正的爱,实实在在的爱——当这个要求被纳入人类现实的永恒价值观时,为别人所要求的东西也就是为自己所要求的——这种爱需要调动彻底摆脱了无意识冲突的精神诉求。

对他人进行激烈斗争的最大恶果远远地消失在脑后了。今天我们相信爱的可能性,所以我们努力去发现其中的不完善和反常之处。

我们认为在有色人种妇女和白种男人的关系这章里，问题在于确定，在这种自卑感或阿德勒式的[①]亢奋得到过度补偿之前——这些似乎是黑人世界观标志——真正的爱在多大程度上是不可能的。

因为毕竟当我们在《我是马提尼克岛女人》中读到"我本想结婚的，但要跟一个白人结婚。只是一个有色人种妇女在一个白人的眼里，从来都不是值得尊重的。哪怕这个白人爱着她。我知道这一点。"时，我们有权感到不安。这一段对一个巨大的骗局下了结论，这引发了我们思考。一天，一位名叫马伊奥特·卡佩西亚的妇女在某个我们不知道的动机驱使下，写了两百零二页她的生活，书中随心所欲地增加了许多荒谬的句子。这部作品在某些圈子中受到了热烈追捧，这使我们有责任分析这部作品。我们认为任何的模棱两可都不可接受：《我是马提尼克岛女人》就是一部很廉价的作品，它在宣扬不健康的行为。

马伊奥特爱上一个白人，她接受他的一切。他是她的主人。她不索取什么，不要求什么，仅仅是想活得更像白人一点。而当她被问起这位白人相貌如何的问题，这位情人说："我知道的就是他是蓝眼睛，金黄头发，苍白肤色，和我爱

① 阿德勒（1870—1937），奥地利医生和心理分析学家，弗洛伊德的学生。——译注

他”,——显而易见,如果把这些词重新组合,可以大致得出这样的话:“我爱他是因为他蓝眼睛,黄头发和白皮肤。”而我们这些安的列斯人太了解这一点了:黑人害怕蓝眼睛,那儿的人反复这么说道。

我们在引言中说从历史角度感受到经济上的低等时,我们并没有搞错。

“唉!有些夜晚,他得离开我去履行社交的义务。他到迪迪埃,法兰西堡最上流的地方,那儿居住着‘马提尼克岛的贵人’,他们可能不是十分纯种,但通常来说非常有钱(一个黑人拥有几百万家财就会开始被人承认是白人了),以及那些‘法国贵人’,大部分是公务员和军官。

“在安德烈的那些伙伴中间——他们跟他一样因战争而被困在安的列斯群岛,有些人成功地让他们的妻子随行。我理解安德烈不能总是显得格格不入。我也能接受无法融入他的圈子,因为我是个有色人种;但我不禁忌妒。他向我解释他的私生活属于他本人自己的事,而他的社会生活和军事生涯是不由自己做主的另一码事,但也只是白费口舌。我那么坚决要求,所以有一天他终于带我去了迪迪埃。我们在其中的一个小别墅跟两个军官和他们的妻子一起度过了晚上,从我童年时代起我就很向往这些别墅。他们的妻子宽容地注视我,使我受不了。我觉得自己太浓妆艳抹了,穿着不得体,未能给安德烈增光,可能仅仅是因为我皮肤的颜色，总之我度过一个如此不愉快的晚上，以致我决定再也不向安德烈提出要跟着去了。”①

这位美人的愿望是去迪迪埃，马提尼克群岛的巨富们的林荫大道。这可是她说的：从拥有几百万财富起，黑人就是白人了。别墅区长久以来迷惑了作者的目光。况且，我们的印象是马伊奥特·卡佩西亚在欺骗我们：她对我们说她很晚才知道法兰西堡，十八岁左右；然而迪迪埃的别墅却诱惑着童年的她。如果我们确定了这个行为的时间就会明白在这个事实中有不合逻辑的地方。确实，在马提尼克岛，黑人们经常幻想一种得救的形式，就是神奇地变白了。迪迪埃的一幢别墅，它插入高处（迪迪埃山冈俯瞰城市）的上流社会，这就是实现了黑格尔主观上的坚信。此外，人们相当清楚地看到人和财产的辩证法在这行动的描述中所占的位置。② 然而，马伊奥特的情况还不是这样的。别人对她“板着脸”。事情发生了转折……就因为她是个有色人种妇女，别人不容她进入这些圈子。就因为她矫揉造作，人们变得愤愤不平。我们将明白为什么在所有国家，马伊奥特·卡佩西亚这类人都不能拥有爱情。因为他人不该允许我实现幼稚的幻想：相反他应该帮助我越过这些幻想。我们在马伊奥特·卡佩西亚的童年中重新发现了表明作者方向路线的某些特征。

① 《我是马提尼克岛女人》，第150页。
② 加布里埃尔·马塞尔：《人和财产》。

每当作者有什么活动,或是精神上的触动,总是直接同这一目的有关。的确,似乎对于她来说白人和黑人代表世界的两极,永远在斗争的两极:这是真正的善恶二元论的世界观;话已说出口,必须记住——要么是白人,要么是黑人,就是这个问题。

我是白人,就是说我具有美色和美德,黑人从不具备这两样东西。我是属于亮丽颜色人种……

我是黑人,我完全和世界融合在一起,与大地相互理解,在宇宙中心失去自我,而白人则不管他多么聪明,都不能懂得阿姆斯特朗[①]和刚果的歌曲。如果说我是黑人,不是由于我倒霉,而是因为我绷紧了自己的皮肤,我能捕获到所有的宇宙气息。我正是地下的一线阳光……

而人们因自身的黑色或白色,沉浸在自恋的悲剧中,封闭在各自的特殊性中,同对方进行着肉搏,只是时不时地,确实有几缕微光,然而,微光源头却受到了威胁。

首先,问题就这样摆在马伊奥特的面前——在她五岁时和在她书中的第3页上:"她从课桌里拿出她的墨水瓶并把墨水洒在他的头上。"这是她自己特有的把白人变成黑人的方式。但她相当早地意识到自己的努力的虚妄;后来卢卢兹和她的母亲告诉了她一个有色人种女人的艰难。于是,由于明白了不能使

① 阿姆斯特朗(1901—1971),美国号手和爵士乐歌唱演员。——译注

人变黑，使世界成为黑人的世界，她就试图把自己的身体和思想变白。首先，她使自己变白："我收费更高，比别处更贵，但我工作得更好，由于法兰西堡人喜欢干净床单，他们都到我家来。最后，他们都非常放心地把衣物交给我来漂白。"①

我们很遗憾马伊奥特·卡佩西亚没有把她的梦想告诉别人。接触她的无意识因而变得很容易。她非但绝对不暴露自己是黑人，反而要改变这事实。她得知自己外祖母是白人："我为此而自豪。当然，我不是唯一一个具有白种人血统的黑人，但有一个白种人外祖母比有一个白种人外祖父更不平凡。② 那么我的母亲是个混血儿？看到她的苍白色皮肤我本该料到这一点的。自从我意识到这一点之后，我觉得她比以前更漂亮、更优雅和更

① 《我是马提尼克岛女人》，第131页。

② 白人是主子，更简言之，是男性，他可以享受同许多女人睡觉的奢侈。这在所有国家中是真事，在殖民地则更甚。但一个白种女人接受一个黑人，这自然而然地呈现出浪漫的一面。这是献身而不是强奸。事实上，在殖民地没有白人和黑人妇女之间的婚姻或同居，但混血儿的数量却很惊人。这是因为白人同他们的黑人女佣睡觉。这并不因此而解释了马诺尼的这段陈述的合理性："这样，我们的一部分倾向很自然地把我们归为最陌生的一类。这不仅仅是个文学上的海市蜃楼。这不是文学，当加利埃尼(Gallieni［1849—1916］，法国将军，1921年追认提升为元帅。——译注)的士兵在年轻的'Ramatoa'中给自己选择临时的性伴侣时，这种幻想无疑淡薄了。事实上，最初的接触并不困难。这部分是由于马达加斯加人的性生活是健康的，几乎没有复杂的性行为表现。但这也证明种族的冲突逐渐形成，并且不是自发产生的。"(《殖民化的心理学》，第110页)。我们什么也别夸大。当征服者队伍中的一个士兵和一个马达加斯加姑娘睡觉，他大概没有任何对相异性的尊重。种族冲突不是后来诞生的，是并存的。一些阿尔及利亚的移殖民同他们十四岁的小保姆睡觉丝毫不证明在阿尔及利亚没有种族冲突。不，问题更加复杂。——马伊奥特·卡佩西亚是对的："成为一个白种女人的女儿是种荣幸。这说明她不是'下三滥'的女儿。"(人们把这个词留给马提尼克岛上所有土著的后代子孙；我们知道他们人数众多：例如奥贝里，以有五十个子孙而闻名。)

出众了。如果她嫁给一个白人，我可能完全是个白人了吧？……且生活对于我可能会不那么艰难？……我想起这位我未曾谋面，并因爱上一个马提尼克岛的黑人男性而死去的外祖母……一个加拿大女人怎么能爱一个马提尼克岛人？我总是想到神甫先生，我决定爱一个白人，一个黄头发蓝眼睛的人，一个法国人。"①

我们被提示马伊奥特所倾向的是将自己的肤色乳化。因为最终应该使人种变白；所有的马提尼克岛妇女知道这事，反复说这事。使人种变白，拯救人种，但不是人们所能料想的含义：不是保护她们在其中成长的那个种族内部的独特性，而是保证其变白。每当我们想分析某些行为时，我们就避免不了那些令人反感的现象的出现。在安的列斯群岛，决定选择一个情人的词句、谚语和小短句的数量多得离奇。关键在于不要再和黑人混在一起，于是所有的安的列斯妇女力求在调情和男女关系中选择不那么黑的男人。有时候，为了辩白投资不当，她们不得不给自己找这样的借口："X 是长得黑，但那个可怜女人比他更黑。"我们认识许多女同胞——去法国读书的大学生，她们坦率地向我们承认她们不会嫁给一个黑人，坦率得像一个白人。（已经逃脱了却再自觉地回去？啊！不，谢天谢地。）她们补充道，况且这不是我们否认黑人的一切价值，但你们知道，最好是白皮肤

---

① 《我是马提尼克岛女人》，第 59 页。

的。最后，我们跟她们中的一个人交谈。她精疲力竭，毫不客气地责备我们说："况且，塞泽尔之所以那么在意他的黑色皮肤，那是因为他对此感到不幸。白人们在意自己的白色皮肤吗？我们每人身上有白色皮肤的潜在性，某些人想无视这一点，或简而言之想推翻这点。至于我，我无论如何不会嫁给一个黑人。"这样的态度并不是少数，我们承认感到不安，因为这个马提尼克岛姑娘过不了几年后就将学士毕业并去安的列斯群岛的某个学校教书。谁都能料到将发生什么事。

一件巨大的工作等待着安的列斯人，他们要预先客观地筛选他们那儿当前的偏见。当我们开始这篇论著，以此来结束我们的医学研究时，我们自告奋勇地把它作为博士论文进行答辩。然后，辩证法要求我们采取双重的立场。虽然可以说我们曾谋求解决黑人的精神束缚，我们还是不能回避某些因素，这些因素虽然可能是心理学的，但会产生得出别的科学结论的效果。

一切实验，尤其当它显得不出成果时，应该进入现实的构成中，并用这种方式，在这个现实的重构中占一席之地。就是说那些欧洲的父权制家庭，因其毛病和缺点，因其恶习而与我们熟知的社会关系密切，这样的家庭产生了大约全社会十分之三的神经疾病患者。问题在于依靠心理分析、社会学和政治学的资料来建立一个双亲环境，用以减少甚至消除非社会意义上的失败成分。

换句话说，问题在于知道**基本人格**是已定了还是易变的。

所有这些头发蓬乱寻找白人的有色女人在等待。当然有一天她们会突然发现自己不愿回头，她们想着“一个良宵，一个可心情人，一个白人”。她们也可能有一天发现“白人不娶黑人妻子”。但她们甘愿冒险等下去，她们应当做的是不惜一切代价要变成白皮肤。为什么？再明白不过了。下面这个故事可以阐明这一点：

“一天，圣皮埃尔看见三个人到达天堂门口：一个白人，一个混血儿和一个黑人。

“‘你想要什么？’他问那白人。

“‘钱。’

“‘你呢？’他对那混血儿说。

“‘荣誉。’

而当他转向那个黑人时，黑人满脸笑容地对他宣称[①]：

---

① 黑人的微笑“le grin”似乎曾引起许多作家的注意。下面是贝尔纳·沃尔夫（Bernard Wolfe）所说的：“我们喜欢描述黑人对我们满脸笑容。而他的微笑，就像我们所见的那样——就像我们所创造的那样——始终意味着赠予……”

沿着广告、银幕、食品标签，无休止的赠予……黑人依靠维尼商店给夫人提供她那新的“克里奥尔深色”纯尼龙，她那“奇形怪状”“曲曲弯弯”的花露水瓶和香水瓶。皮鞋油、雪白的床单，舒适而运输便捷的低矮行李床；为逗小孩快活的摇滚乐、摇滚爵士乐、喜剧、美妙的兔子兄弟（Brer Rabbitt）故事。始终带着微笑服务……一位人类学家写道*：“黑人由于恐吓和武力的极端制裁，保持着他们那卑躬屈膝的态度，而白人和黑人同时都十分清楚这一点。然而白人还是要求黑人在所有同他们的关系中表现出微笑、殷勤和友好……”贝尔纳·沃尔夫：《雷米斯叔叔和他的兔子》，载《现代》，43期，第888页。

* 杰弗里·戈勒：《美国精神：对民族特性的研究》。

"'我是来替这两位先生拎箱子的。'"

最近埃蒂安布勒谈到他的一个挫折："当我是个愣头青时，一个与我有来往的女性朋友听到我在用据称是唯一适当的词汇对她说：'你是个黑人。''我？是个黑人？你没有看到我几乎是个白人？我讨厌黑人。黑人们发出臭味。他们又脏又懒。永远不要跟我谈起黑人。'她感到受了侮辱，转身离去。"①

我们还认识另一个女性朋友，她有一张名单，上面记录着所有不会遇到黑人的巴黎舞厅。

问题在于知道黑人是否可能克服他那从他生活中受到排挤或排除强迫性的感觉，这种性格使他的举止同恐惧症患者非常类似。在黑人身上，有一种感情的激化，感到自己渺小而狂怒，丧失同整个人类交流的能力，这些把他禁锢在无法容忍的孤僻状态中。

安娜·弗洛伊德在描绘自我萎缩现象时写道："这包括了自我的防御，以抵御外界的刺激；这种退缩作为一种避免不快的方法，不属于神经官能症的心理学：它只是在自我发展中构成一个正常阶段。对于一个年轻的、可塑的自我，在某一个方面遭到的所有失望有时会由其他方面的圆满成功来弥补。但如果自我变得僵化或不再容忍不愉快并强制地坚持逃避反应，自我的

① 《论米歇尔·库尔诺的〈马提尼克岛〉》，载《现代》，1950 年 2 月。

培养会因此受到不良影响,自我由于抛弃了太多的见解,变成不完整的,失去自己太多的利益并眼看自己的活动失去其价值。"①

现在我们明白为什么黑人不能对孤僻状态感到满意。对于他来说只存在一扇走出去的大门,而这扇大门开向白人世界。据此产生了要引起白人注意的这种永恒的焦虑,同白人一样强大的这一关切,获得保护层特性的坚决意志,即进入一个自我的构成的存在部分或拥有部分。正如我们刚才所说的,黑人试图从内心深处抵达白色圣地。态度反映意图。

作为已经成功的自卫过程的自我退缩对于黑人而言是不可能的。他缺少白人的制裁。

马伊奥特·卡佩西亚表现出一种神秘的惬意,唱着令人陶醉的赞美歌,她好像是个天使,并"身着粉色和白色,快乐"地翱翔。然而有一部电影《绿色牧场》,里边的天使和上帝却是黑皮肤,但这使得我们这位作者非常反感:"怎么能想象上帝长成一个黑人的容貌?我想象的天堂不是这样的。但毕竟,这只不过是部美国电影。"②

确实,仁慈善良的上帝不可能是黑皮肤的,他是位双颊红润的白人。从黑人到白人,变化的线路就是这样。只要有钱、英

① 安娜·弗洛伊德:《自我和保护机制》,安娜·贝尔曼译,第91—92页。
② 《我是马提尼克岛女人》,第65页。

俊、聪明,黑人也会变成白人。

然而,安德烈飞向了别的天空,给别的黑人女性带去“白色的使命”;美妙的蓝眼睛小基因,沿着染色体的通道滑行。但身为高尚的白人,他给马伊奥特留下了指示。他谈到他们的孩子:“你要抚养他,你要跟他谈到我,你对他说:这是个上等人。你必须好好工作以便配得上他。”①

尊严?也没必要再留着了,它现在已被织进了他的动脉的迷宫中,深深扎在其粉红的小手指甲中,很稳固,很白。

父亲呢?下面是埃蒂安布勒的评价:“一个种族的好典型;他谈到家庭、工作、祖国、高尚的贝当(Pétain)和仁慈的上帝,这些使他能按惯例使她怀孕。‘上帝利用了我们’,那位十足的下流胚、漂亮的白人、卓越的军官说道。在这之后,按照同样的贝当主义和迷信的惯例,我把她扔给你。”

在结束那位女人——她那位白色主人就像死了一样,而她在一本陈列着一些可悲地死去的事物的书中就由死人们护卫着——的故事之前,我们要求非洲给我们委派一个使者。②

① 《我是马提尼克岛女人》,第185页。

② 自从出了《我是马提尼克岛女人》后,马伊奥特·卡佩西亚写了另一部作品:《白色的黑女人》。她想必是发觉所犯的错误了,因为人们看出了她想提高黑人身价的企图。但马伊奥特·卡佩西亚并非无意识的,她有好的打算。只要这位小说家给她的人物留有一点儿自由,这总是为了凌辱黑人。她所描写的黑人都是些坏蛋(转下页)

非洲没让我们等待；是阿布杜莱·萨迪用《尼尼》[1]给我们描述了黑人面对欧洲人能有什么样的举止。我们说过，敌视黑人者是存在的。况且不是黑人的仇恨激励他们；他们没这个勇气，或是不再有此勇气。仇恨不是给予的，它该随时被获得。上升到本质，同多少有点被认可的犯罪情结冲突。仇恨要求存在，而有仇恨的人该用行动，一种合适的行为表现出这种仇恨；在某种意义上，他应该变成**仇恨**。所以美国人用歧视替代私刑处死。各人站在自己的一边。因此，在黑非洲（法属非洲?）的那些城市中有欧洲区，我们对此并不感到惊讶。穆尼埃（Mounier）的作品《黑非洲的觉醒》已引起我们的注意，但我们急不可耐地等待着非洲自己的声音。多亏阿利乌纳·迪奥普（Alioune Diop）的杂志，我们得以调整推动有色人种的心理动机。

这令人十分惊讶，在这一段中从宗教角度的词义来讲："康皮安先生是圣路易唯一的光顾圣路易俱乐部[2]的白人，他是一

（接上页）或是说蹩脚法语的人。此外，我们已对未来作了推测，我们可以肯定马伊奥特·卡佩西亚已经离开了她的故乡，一去不复返了。在她的两部作品中，留给她的女主人公唯一的态度是：离开。这个黑人故乡显而易见是十分讨厌的。果然，在马伊奥特·卡佩西亚周围飘浮着不幸与厄运。但这厄运是远离主流的。马伊奥特·卡佩西亚的作品应当被禁止。

但愿她不再用她的愚蠢言行来夸大这个过程。

喔，连累人的小说家，安静地离开吧……但您要知道，在您那苍白的五百页之外，人们总会找得导向中心的正直之路。

这一点，由不得您了。

① 《非洲影响》，第1—3期。

② 当地青年聚会的俱乐部。对面有十分欧化的平民俱乐部。

个有一定社会地位的人，因为他是塞内加尔的桥梁和道路建筑工程师和公共工程部副部长。人们认为他对黑人十分友好，比罗丹先生，一位曾在圣路易俱乐部做了关于种族平等的报告的费德尔布中学教师更加友好，他们中这个人或另一个人的善良是激烈讨论的永恒主题。无论如何，康皮安先生更加经常来往于俱乐部，他在俱乐部有机会认识一些有礼貌并对他表示尊重的土著；他们喜欢他并以他来到他们中间而感到自豪。"①

作者是在黑非洲当小学老师，他感谢罗丹先生做这个种族平等的报告。我们把这种局面称作耻辱，我们理解穆尼埃有机会所遇见的当地青年们向他诉的苦："我们这儿需要的是像您这样的欧洲人。"人们在任何时候都能感觉到，对于黑人来说，遇见一位能体谅人的杜巴布（toubab）②，代表着获得谅解的新希望。

通过分析阿布杜莱·萨迪先生的小说的几个段落，我们试图如实地记载有色人种妇女面对欧洲人的反应。首先有黑人和混血儿之分。前者只有一种可能和一桩心事：变白。后者不仅想变白，而且要避免变回黑人。其实，有什么比一个混血儿嫁给一个黑人更不合逻辑的？因为，我们必须始终牢记这一点：这关乎拯救人种。

① 《尼尼》，载《非洲影响》，第 2 期，第 280 页。
② 欧洲人。

由此尼尼感到万分困惑：难道一个黑人没有鼓起勇气向她求婚吗？一个黑人甚至给她写信:“我献给您的爱是纯洁和坚定的,它丝毫没有那种用谎言和幻想来哄骗您的不合时宜的脉脉温情……,我想见到您幸福地生活在一个十分符合您的魅力的环境里……我把您到我家来和为您贡献自己的一切看作是非凡的荣耀和最大的幸福。您的恩宠将为寒舍带来光明,照亮每一个阴暗的角落……再说,我认为您十分开朗和温情体贴,不会粗暴地拒绝接受一种只是想使您幸福而奉献的忠实爱情。”①

最后这句话想必不至于使我们惊讶。通常,混血儿该无情地拒绝想吃天鹅肉的黑人。但由于她开明,她没有只看情人的肤色而不看重他的忠诚。阿布杜莱·萨迪在描述马克塔时写道:“他是理想主义者和坚信彻底变化的信徒,仍然相信人们的真挚和忠诚,而且他心甘情愿地认为,在任何事情上,只有美德能取得胜利。”②

马克塔是谁？他是个年轻人,江河企业的会计,他写信给一个小打字员,她十分笨,但她具有最无争议的优点：她几乎是白肤色的。那么,人们请求原谅他冒昧地写信:“真是胆大包天,可能他是第一个这么大胆的黑人。”③

---

① 《尼尼》,载《非洲影响》,第 2 期,第 286 页。
② 同上书,第 281,282 页。
③ 同上书,第 281 页。

人们请求原谅胆敢向一个白人提出爱情的黑人。我们在勒内·马朗的书中重又发现这一点：这种害怕，这种胆怯，黑人在同白人或不管怎么说同一个比他白的女人的关系中的这种低三下四。同马伊奥特·卡佩西亚接受安德烈老爷的一切一样，马克塔成为混血儿尼尼的奴隶，准备出卖他的灵魂。但等待这个恬不知耻的人的结局是拒绝。那个混血儿认为这封信是个侮辱，是侮辱她“白人姑娘”的名誉。这个黑人是个笨蛋、强盗、缺乏教养的人，需要教训教训他。她要教训他；她要教他审慎稳重些，不要胆大妄为；她使他明白“白皮肤”不是为“黑炭”而长的。①

在这种情况下，混血女性们都随声附和她的愤怒。人们声称要把事情诉诸法院，使那黑人到重罪法庭应审。“人们要给公共工程部部长、殖民总督写信，向他们揭发那黑人的行为并解雇他，以补偿他对这名女性造成的精神损害。”②

这样的不遵守原则应该被处以阉割。最后是人们要求警察局训诫马克塔。因为如果他“重又开始丧失理智的病态举动，人们将让便衣警察德鲁先生来教训他，德鲁被同事们称作凶狠厉害的白人”③。

---

① 《尼尼》，载《非洲影响》，第 2 期，第 287 页。
② 同上书，第 288 页。
③ 同上书，第 289 页。

我们刚才看到了一个有色人种姑娘是如何回应来自她的一个同属的示爱的。现在我们来思考白人方面发生了什么事。这还需要萨迪的帮忙。他对白人和混血儿姑娘结婚所引起的反响所做的长时期研究将给我们充当赋形剂。

“一段时间以来,全圣路易市流传一个消息……首先是一个窃窃私语一传十,十传百,使得年老的‘夫人们’那满布皱纹的脸舒展开来,她们那黯淡的目光重又活跃起来;然后是青年们,睁大着只见眼白的眼睛,张开着厚嘴唇的嘴,大声嚷嚷地传递消息,这消息离奇到使人大呼:啊!不可能……你怎么知道的?这可能吗……这可真够劲……我笑得肚子疼……一个月以来,这传遍整个圣路易的消息令人愉快,比世界上所有的许诺还更使人高兴。它圆了某种想要变得伟大和不同的梦想,它使所有的混血儿姑娘——尼尼们、娜娜们和内内特们生活在她们故乡的自然条件之外。萦绕在她们脑际的伟大梦想是嫁给一个欧洲白人。可以说她们所有的努力都趋向这一目的,但这一目的几乎从未达到过。她们需要指手画脚,喜欢进行可笑的炫耀,她们那算计好的、做作的、令人作呕的态度,就是狂热爱好荣华富贵的结果,她们需要一个白皮肤男人,全白的,且只要这点。几乎所有这些姑娘都在等待这根本不可能的好运中度过了一生。她们就在这种等待中变老并被迫陷入凄惨的隐休生活深处,在这种生活中,梦想最终变成高傲的顺从……

“一个令人高兴的消息……一个完全的欧洲白人——民政部副部长达里韦先生，向不黑不白的混血儿戴德求婚。这怎么可能。”①

这位白人对这混血儿姑娘表白爱情的那一天，想必发生某些特别的事情。她被这一个封闭的集体承认、接纳了。心理上的贬值、这种被贬低的感觉及其后果、达到光明的不可能性，都彻底消失了。很快，这位混血儿姑娘从奴隶的行列过渡到主人的行列……

她以她过度补偿的行为得到承认。她不再是想要成为白人的人，她是白人了。她进入了白人的世界。

保尔·莫朗在《黑人的魅力》中向我们描述这样的现象，但随后我们学会了怀疑保尔·莫朗。从心理学的观点看，下面这个问题值得讨论。有教养的混血儿姑娘，特别是大学生会有双重暧昧行为。她说：“我不喜欢黑人，因为他野蛮。这个‘野蛮’指的不是吃人肉，而是他不够敏感。”抽象的观点。而当人们反驳她说一些黑人在这方面能胜她一筹时，她却声称他们长得丑。矫揉造作的观点。面对黑人的真正审美观的证据，她说她不懂；于是人们试图向她显示美学的标准：鼻翼翕动，呼吸暂停，她又说“自己有自由选择自己的丈夫”。最后，求助于主观性。正如

① 《尼尼》，载《非洲影响》，第 2 期，489 页。

安娜·弗洛伊德所说,如果人们因切除自己的一切防守过程而使其自我陷入绝境,“如果人们使无意识的活动变得有意识,那么人们显示出其防守过程并由此使这过程变得无效,更加削弱它并且有利于其病态化发展”①。

但在这里,自我不必自卫,既然其要求是被认可的;戴德嫁给了一个白人。但任何事物都有它的反面;一些家庭全家遭到讥笑。三四个混血儿姑娘里增添一些混血儿骑士,然而,她们所有的伙伴身边有白人。“这特别被看作是对她们全家的冒犯;这种冒犯要求补偿。”因为这些家庭在其最合情合理的憧憬中受到羞辱,他们遭受的伤害落在他们生活活动本身上……落在他们生活的紧张状态上……

她们想参照一种远大愿望改变自己,“进行发展”。人们拒绝给予她们这个权利。不管怎样,人们就这一权利与她们争执起来。

这些描述想说明什么?

不管是马提尼克岛女人马伊奥特·卡佩西亚,还是圣路易人尼尼,都是在重蹈覆辙。这是一个双向的过程。企图通过内化,来恢复原来被禁止的价值观。因为黑人姑娘感到自己低人一等,所以她渴望自己被白人世界接纳。在这种企图下,她以一

① 安娜·弗洛伊德:《自我和保护机制》,第58页。

种我们叫作“情感的强烈兴奋”现象来自助。

这项工作包括了七年的探索和观察；不管我们考察哪个领域，一件事情感动了我们：低微的黑奴、高贵的白人，两种人的表现都按照一种神经症的方向发展。因此导致我们参考心理分析的描述来考虑他们的异化。黑人在其行为中类似强迫性神经症类型，或更可以说他完全处于情景性神经系统功能紊乱。在有色人种身上，有逃避自己的个性和否定自身存在的企图。每当一个有色人种提出异议，他就会受到异化。每当一个有色人种拒绝，他就会受到异化。我们在之后的第六章中会看到被贬低的黑人从使人丢脸的不安到鲜明的自我谴责，直至绝望。黑人面对白人或他同属时，其态度往往表现为极度发狂的群体，这就会涉及病理学领域。

有人反驳我们说这里涉及的黑人身上没什么精神问题。然而，我们要举出两个十分说明问题的带有某种特点的行为。几年前，我们认识了一个黑人，他是学医的大学生。他有一种强烈的**怀才不遇**的感觉，他说不是在大学的才华方面而是从人的观点来说不受器重。他强烈地感到他永远也不会被白人认作同行，并被欧洲病人认作医生。在这些神经错乱的预感时刻[①]，精神病多发时刻[②]，他感到极度兴奋。后来，有一天，他入伍当助

① 杜布利诺：《神经错乱的直觉》。
② 拉康。

理医师;且他补充说,他毫无理由地不接受去殖民地或被分配到一个殖民单位。他要一些白人听从指挥。他是个领导;像这样,别人才会怕他尊敬他。事实上,这是他想要的,他寻求的:引导白人和他一起摆出黑人的姿势。就这样,他向那时刻困扰他的"意象"——黑人在白人老爷面前惊恐、颤抖、低声下气——进行报仇。

我们曾认识一位同志,他是法国本土的一个港口的海关检查员,他检查旅游者或过境者时十分严厉。他对我们说道:"因为,如果你不厉害,他们就把你看作是个蠢货。由于我是黑人,你想想这两个词的含义……"

阿德勒在《人的认识》中写道:"为了清查一个人的世界观,应该进行调查研究,犹如从童年印象开始直至现今事物状况,画一条线。在许多情况下,一个主体到现在为止所走过的道路将以这种方式被追踪。这是条曲线,'方向指示线',个人的生活从其孩提时代起概括地呈现在这条线上……因为真正起作用的始终是个人的方向线,这条线和轮廓会受到某些改动,但其主要内容、能量和方向本身继续存在,根深蒂固,并且从童年起就一成不变,它同童年的周围环境并非没有关联,这个环境后来在人类社会所固有的更广阔的环境中解脱开来。"①

① 阿德勒:《人的认识》,第57-58页。

我们预感到，且有人已发现，阿德勒的性格心理会帮助我们了解有色人种的世界观。由于黑人是过去的奴隶，我们也求助于黑格尔；而且，最后，弗洛伊德大概能协助我们的研究。

尼尼和马伊奥特·卡佩西亚：这两个人的行为值得我们深思。

难道没有其他的可能性吗？

但这是些假问题，我们不予考虑。况且我们要说对存在物的一切批评牵连到一种解决办法，如果真有人能向他的同类——向自由——提出解决办法的话。

我们断定的是毛病应该被一劳永逸地根除。

第三章　有色人种男子和白种女人

这种突然成为**白人**的欲望，从我内心最阴暗的部分，透过阴影地带，油然升起。

我不愿被人认作**黑人**，而是要被认作**白人**。

然而——这恰好是黑格尔没有描述的一种认识——除了白种女人，谁能这么做？她由于爱我，向我证明我配得上一个白人的爱情。她把我当作白人来爱。

那么我就是个白人。

她的爱情帮我打开了那条通往完整倾向的杰出长廊……

我娶的是白人的文化、白人的美、白人的白。

我那双无所不在的手抚摸着雪白的双乳，在这双乳中，我把白人的文明和尊严据为己有。

三十多年前，一个面色最好的黑人，同一个“挑逗情欲”的金发女子热火朝天地交欢，在性高潮时欢呼道：“舍尔歇万岁！”当人们知道舍尔歇是让第三共和国采纳取消奴隶制法令的那个人时，人们就会明白应该更坚决地主张黑人男性与白人女性之间关系的可能性。

有人会反驳我们说这个轶事不是真的；但它能具体化并流传了这么多年，这个事实表明了一种迹象：他没搞错。因为这桩轶事激起一种鲜明或潜在的，但真正的冲突。冲突的经常性强调指出黑人世界的加入。换句话说，当一个故事保持在民间传说的内部，这可以说是表达了一个地区的“地方魂”。

随着分析《我是马提尼克岛女人》和《尼尼》，我们看到了黑人女性在面对白人时是如何表现的。借助勒内·马朗的一部小说——似乎是作者的自传，我们争取了解在黑人男性的情况下所发生的事吧。

问题提得很巧妙，因为让·韦纳兹使我们对黑人的态度做更深入的研究。怎么回事？让·韦纳兹是黑人。原籍安的列斯群岛，他长期住在波尔多；所以他是个欧洲人。但他是黑皮肤；所以他是个黑人。悲剧就在这里。他不了解他的种族，而白人们又不了解他。他说：“通常，欧洲人，特别是法国人，不满足于忽视他们的殖民地的黑人，而是忽视了那些按照他们自己形象塑造的黑人。”①

作者的个性并未像人们所想的那么容易地和盘托出。他是个孤儿，寄宿在省里一所中学，假期中他仍然被禁足在校园里。

① 勒内·马朗：《一个同其他人一样的人》，第11页。

他的朋友和同学们以随便什么很小的借口，就可以去往法国各地，而这位小黑人养成反复思考的习惯，因为他的最要好的朋友只有他的书本。说得过分点，在一长串过长的“旅伴”名单中，有某种指责、某种不满，一种难以克制的挑衅，作者把这名单交给我们一阅：我说得过分，但问题恰好在于我没有说错。

由于他不能融入群体，不能不被人注意，他就跟死人交谈，或至少跟不在场的人交谈。他的谈话与他的生活截然相反，越过世纪和大洋。马克-奥莱尔（Marc-Aurèle）、儒安维尔（Joinville）、帕斯卡尔（Pascal）、佩雷斯·加尔多斯（Perez Galdos）、拉宾德拉纳特·泰戈尔（Rabindranath Tagore）……如果我们无论如何都要给让·韦纳兹一个形容语的话，那么我们说他是个内向的人，另外一些人说他是个易动感情的人，但是个给自己保留在思想和认识方面占上风的可能性的易动感情者。这是个事实，他的同学和朋友们十分尊重他：“多么不可救药的幻想者，您知道，我的老朋友韦纳兹，他是个古怪的人！他只是为了涂满他的旅程小本才走出自己的书堆。”①

但他是个用西班牙语歌唱并接着译成英语的易动感情者。一个腼腆的人，但也是个不安于现状的人：“在我离开时，我听见迪夫朗德对他说：这个韦纳兹是个好小伙子，通常愁眉不展

① 勒内·马朗：《一个同其他人一样的人》，第 87 页。

和沉默寡言,但很易动感情。您可以信任他。您等着瞧吧。这是个人们所希望看到的黑人,人们喜欢,就像许多人希望见到的白人那样。"①

对,当然,他是一个不安于现状的人。一个天生的不安分的人。再说,我们知道勒内·马朗热爱安德烈·纪德。我们想在《一个同其他人一样的人》中发现一个令人联想到《狭窄的门》中结尾的结局。这种开端,这种动人的痛苦语气,精神的不可能性的口吻,仿佛在对热罗姆和阿莉莎的奇遇发出反响。

但事实是韦纳兹是个黑人。是头喜欢孤独的熊。是个爱沉思的人。当一个女人想跟他调情时:"您来找的可是一头熊!当心,夫人。胆子大也没用,但如果您继续这样招摇,您会使自己的名誉受到影响的!一个黑人。呸!这不算数的。同这个种族的随便一个什么人来往都有失身份。"②

首先,他要向其他人证明他是个男子汉,他是他们的同类。但我们丝毫别搞错,让·韦纳兹才是应该被说服的人。他的内心也像欧洲人的那样复杂,在这内心深处存在着犹豫不定。但愿人们原谅我们说这句话:让·韦纳兹是个要被打倒的人。我们将全力以赴。

他在援引司汤达和"结晶"理论后,确认"精神上把库朗热

① 勒内·马朗:《一个同其他人一样的人》,第18—19页。
② 同上书,第45—46页。

夫人当成安德莱去爱,肉体上则跟克拉丽丝在一起。这是荒谬的。但事情就是这样,我爱克拉丽丝,我爱库朗热夫人,尽管我并不真正想要这两个人。她们对于我只不过是个欺骗自己的借口。我在她们身上研究安德莱并学会用心去认识她……我不知道。我不再知道。我不想力求知道随便什么事情,或确切地说,我只知道一件事了,即黑人是和其他人同样的人,像其他人那样的人,以及他的心地,只有不了解情况的人觉得是单纯的,但其实它和欧洲人中心地最复杂者一样复杂"[①]。

因为黑人的单纯是一些肤浅的观察家想象出来的一个神话。"我爱克拉丽丝,我爱库朗热夫人,而我真正爱的是安德莱·马里埃尔。就她一个人,不是别人。"[②]

安德莱·马里埃尔是谁? 您知道,是诗人路易·马里埃尔的女儿! 但您瞧,这个黑人,"他通过自己的聪明和刻苦勤奋学习,进入了欧洲人的思想和文化中"[③],却依然不能摆脱他的种族。

安德莱·马里埃尔是白皮肤,一切解决办法似乎都行不通。然而与佩伊奥、纪德、莫利昂及伏尔泰的来往似乎消灭了这所有的一切。让·韦纳兹是真心诚意的,他曾"相信这个文化,并开

① 勒内·马朗:《一个同其他人一样的人》,第 83 页。
② 同上。
③ 同上书,第 36 页。

始喜欢这个为了让他使用而被发现和赢得的新世界。他犯了多么大的错啊！只要他年龄大了，去为被他祖先选择寄居的国家服务，最终就足以令他思忖是否他周围的一切背叛了自己，白种人不承认他是白人，黑人几乎也不承认他是黑人”①。

让·韦纳兹感到自己没有爱就不能活，他渴望爱。他幻想爱，并写了下面几句诗：

当人们恋爱时必须什么也不说，
最好把这隐瞒起来装着若无其事。

安德莱·马里埃尔给他写信表达自己的爱意，但让·韦纳兹需要获得准许。必须有个白人对他说：娶我的姐妹。韦纳兹向他的朋友库朗热提了许多问题。下面几乎是库朗热答复的全文：

老朋友，

你再次就你的情况跟我商量，我再次并只此一次对你提提我的看法。我们有条不紊地进行。你对我叙述的你那种情况是最清楚明白的。然而请允许我清扫

① 勒内·马朗：《一个同其他人一样的人》，第36页。

自己面前的道路，这对于你将完全有利。

你到底几岁背井离乡到法国的？我想，是三四岁吧。你从来也没有重返你的岛国故里并丝毫不坚持要再见你的故乡。从那时起你便始终住在波尔多。你是在波尔多当殖民官员的，是在波尔多度过你大部分的行政节假日的。简而言之，这里才是你真正的家园。可能你没很好地体会到这一点。在这种情况下，你要知道你是个波尔多的法国人。把这点深深地扎在你的脑袋里。你对你的同胞安的列斯人一无所知。我甚至对你竟能同他们融洽相处而感到惊讶。况且，我所认识的他们跟你毫不相似。

事实上，你像我们，是“我们”的一员。你的想法就是我们的想法。你像我们现在和以前那样地行事。你认为自己——和人们以为你——是黑人？错了！你只是表面上是黑人。至于其余部分，你有着欧洲人的思维方式，所以你自然也会像欧洲男人一样爱上欧洲女人。欧洲男人只爱欧洲女人，你几乎只能娶一个你始终在那儿生活的国家里的女人，一个法国本地——你真正的、唯一的故乡——的姑娘。既然如此，我们来说说你写最近这封信的缘由吧。一方面，有一个名叫让·韦纳兹的，他跟你兄弟般地相似，另一方面是安德

> 莱·马里埃尔小姐。安德莱·马里埃尔是白皮肤，爱上让·韦纳兹，他肤色深褐并爱慕安德莱·马里埃尔。这并不妨碍你问我该怎么做。有趣的傻小子！……
>
> 回到法国后，赶紧到那个想象中已属于你的心上人的父亲家去，并向他咚咚响地拍着胸口高声说："我爱她。她爱我。我们相爱。她必须成为我的妻子。否则我自杀在您的脚下。"①

那白人受到央求，于是同意把姐妹嫁给他，——但有个条件：你跟真正的黑人没有什么共同之处。你不是黑皮肤，你是"深褐色"的。在法国的有色人种大学生十分熟悉这个过程。人们拒绝把他们看作真正的黑人。黑人是野蛮人，而大学生却是个文明人。你是"我们的人"，库朗热对他说，如果人家以为你是黑人，那是搞错了，你只是有黑人的表象。但让·韦纳兹不愿意。因为他知道，他做不到。

他知道"大多数的混血儿和黑人，对这种丢脸的驱逐感到愤怒，他们到了欧洲只有一个想法：满足他们对白种女人的胃口。

"他们中的大部分人和那些肤色较浅的人中甚至经常否

① 勒内·马朗：《一个同其他人一样的人》，第152—154页。

认他们的家乡和他们的母亲，他们在那儿的婚姻很少是因为爱，而是为了满足制服欧洲女人的欲望并带有某种骄傲的报复味道。

“于是我思忖我是否像大家一样。我跟您这个欧洲女人结婚时是否似乎宣告我不仅厌恶我这个种族的女人，而且受白皮肤欲望的吸引——自从白人统治了世界，这白皮肤对我们这些黑人是禁止的——，我隐隐约约地在一个欧洲女人身上为她的祖先几个世纪以来使我的祖先所遭受的一切雪耻报仇。”

要付出多大的努力才能摆脱主观上的急迫感。我是个白人，我生在欧洲，我所有的朋友也都是白人。在我住的城市里黑人不到八个。我用法语思考，我的宗教是法国。您听懂我的话吗，我是欧洲人，我不是个黑人，为了向您证明这一点，我就要作为文职人员向真正的黑人表明他们和我之间存在的差别。的确，您再专心读一读这作品，您会信服的：

“有人敲门？啊！真的。

“‘是你吗，苏阿？’

“‘是我，司令。’

“‘找我有什么事？’

“‘该集合了。外面五个卫兵。十七个俘虏——一个不缺。’

“‘除这之外，没有什么新鲜事吗？没有邮件的消息吗？’

"'没有，司令。'"①

韦纳兹先生有几个信使。他小屋子里有个黑人姑娘。对那些似乎惋惜他离去的黑人，他觉得唯一要说的事是："你们走吧，走吧！行啦……离开你们我感到很遗憾。走吧！我不会忘记你们的。我离开你们只是因为这不是我的国家，因为我在此感到太孤单、太空虚、太缺乏我所必需的一切舒适感，而幸亏你们还不需要这些东西。"②

当我们读到这些句子，我们不禁想到费利克斯·埃布埃，一个无可争辩的黑人，他在同样的条件下以完全不同的方式明白自己的职责。让·韦纳兹不是个黑人，也不愿是个黑人。然而，一个裂缝在他不知不觉中产生了。有某种难以确定的、不可逆转的东西，真正的如哈罗德·罗森堡所说的"那个范围里的事"③。

路易-T.阿希尔在其 1949 年的跨种族大会上的报告中说：

> 对于严格意义上的跨种族婚姻，人们可能会思考在什么程度上，这对于有色人种配偶来说不是肤色偏

① 勒内·马朗：《一个同其他人一样的人》，第 162 页。
② 同上书，第 213 页。
③ 《从游戏到我，活动地理略图》，载《现代》，1948 年。

> 见——他长期受这偏见之苦——以及某种主观上的认可和自我的毁灭。在许多情况下研究这问题会很有意思，也许可以在这模糊的动机中寻找在幸福家庭的正常条件之外，实现某些种族间婚姻的理由。有些男人或女人确实与低于他们的条件或文化的另一种族的人结婚，他们在自己的种族中是不会希望像这种条件或文化的人做配偶的，且这种条件或文化的王牌手段似乎是保证配偶的迷失方向以及“去种族化”（真是一个可怕的词）。在某些有色人种身上，与一个白种人婚配似乎胜过一切别的因素。他们从中得以达到同这个卓越的人种、世界的主人、有色人种的统治者完全平等的地位……①

从历史上来看，我们知道黑人犯了同白种女人睡觉的罪是要被阉割的。黑人占有一个白种女人这种事是为他的同族所忌讳的。使这种具有一种性忧虑的悲剧变为真实确凿的事，这从思想上来说，是容易的事。而这正是《雷米叔叔》的原型之目的所在：兔子兄弟代表黑人。他能否得以同梅多斯夫人的两个女儿睡觉？有上层人和下层人，所有这一切都是一个笑呵呵的黑

① 《世界的节奏》，第113页，1949年。

人讲述的，他是个善良、乐观的人；一个面带微笑奉献自己的黑人。

当我们十分缓慢地初次开始青春期萌动时，有可能仰慕我们的一个从法国本土回来的伙伴，他手挽着一位巴黎姑娘。我们试图在专门的一章里分析这个问题。

最近我们通过同几个安的列斯人谈话，得知那些到达法国的人最关心的是跟白种女人睡觉。他们刚到勒阿弗尔，就直奔妓院。一旦完成这"真正的"男子成年启蒙仪式，他们就乘火车去巴黎了。

但这里重要的是询问让·韦纳兹。为此，我们将充分求助于热尔梅娜·盖克斯的作品《被抛弃的神经症患者》。①

作者用前恋母情结性质的所谓懒散的神经质来反对弗洛伊德的正统观念所描述的真正的后恋母情绪的冲突，分析了两个典型，其中第一个典型似乎可以用来说明让·韦纳兹的状况：

"就是在这架由所有的懒散唤醒的**焦虑**，它所引起产生的**侵略性**和由此导致的对自己的**不抬高身价**构成的三脚架上，人们建立起这种神经质的全部症状学。"②

我们使让·韦纳兹成为一个内向的人。我们从特征学上，或者说从现象学上知道，人们能使自闭的思想依赖于即刻肤浅

① 法国大学出版社，1950 年。
② 盖克斯：《被抛弃的神经症患者》，第 13 页。

反应性的内倾。①

“在侵略型和消极型的对象身上，对过去的执念，随同他的挫折、空虚、失败，完全打消了其走向生活的念头。由于通常比积极的多情者更加内向，他倾向于反复思考自己过去和现在的失望，在自身发展一个多少有点儿秘密的思想领域及一些苦涩和不抱幻想的感觉领域，这领域经常是某种类似自闭的东西。但与真正的自闭者相反，怕被遗弃的人能意识到这个自己培植的私密领域并抵御一切入侵。比第二种类型的神经质者（多情的积极者）更加以自我为中心，他完全为自己打算。他没有太多的奉献能力，他的挑衅、对报复的经常需要，抑制了他的冲动。他的反省使他不能做任何积极的尝试来补偿他的过去。在他身上，完全缺乏对价值的衡量，因而也就完全缺乏情感的安全性；由此产生面对生活和人的一种十分强烈的无能，及对责任感的完全拒绝。别人背叛他和使他失望，然而他只期待别人来改善他的命运。”②

这是对让·韦纳兹的人物的极妙描述。因为他告诉我们，“只要我的年龄增长并去为我祖先所选定寄居的祖国服务，我就足以自问是否**我未被周围一切背叛**，白种人不承认我是他们

① 明科夫斯基：《精神分裂症》，1927 年。
② 同上书，第 27—28 页。

的人，黑人几乎否认我。我确切的境况就是这样"①。

对过去采取指责的态度，不衡量自己的价值，不可能如自己所希望的那样使自己被人理解。听听让·韦纳兹是怎么说的：

> 谁说**热带地方**小孩会失望，他们的父母很早把他们安置在法国，意欲使他们成为真正的法国人！他们把孩子们随时寄宿在一个中学里，孩子们是如此自由和如此活泼，"为了他们好"，他们流着泪说。
>
> 我曾经是属于这些断断续续当孤儿的人，并终生对曾是孤儿而感到痛苦。七岁时，父母把我的学龄童年托付给在农村的一所大而凄凉的中学……但少年时的许多游戏从未能使我忘却我的少年是多么地痛苦。我性格中的这种内在忧郁和这种对社会生活的害怕就是由此产生的，这种性格直到今天还抑制着我每一个细小的冲动……②

然而他原本想要有人关心照顾他，周围有人亲近他。他不想被**抛弃**。假期里，大家走了，而他独自一人留下，独自一人在

① 盖克斯：《被抛弃的神经症患者》，第 36 页。
② 勒内·马朗：《一个同其他人一样的人》，第 227 页。

这所白人的中学里……

“啊,孩子的这些泪水!没有人来安慰他……他永远也不会忘记别人很早就让他开始尝试孤独……幽居在隐修院里的生活,隐居和与世隔绝的生活,我很早从中学会沉思和思考。一种孤独的生活,它久而久之慢慢地为一件微不足道的小事而激动——由于您,我内心易动感情,却没有能力表露自己的欢乐或痛苦,我拒绝我喜爱的一切并不由自主地离开吸引我的一切。”①

问题在哪儿?两个过程:我不愿别人爱我。为什么?因为有一天,离现在很久前,我总结出一个客观规律:我被**抛弃**了。我从未原谅过我的母亲。由于我被抛弃过,我将要使另一个人痛苦,而抛弃此人是直接表达我报复心理的方式。我动身去非洲;我不愿被爱,我躲避别人。热尔梅娜·盖克斯说,这叫作“为了检验而进行考验”。我不愿被爱,我采取防卫的立场。如果别人坚持,我就宣布:我不愿别人爱我。

不被看重?对,当然。“作为值得爱的对象,这种不重视自己的后果十分严重。一方面它把个人维持在一种内在的深刻不安全状态,因此它抑止和别人的一切联系或使之走样。个人是作为可引起同情或爱情的对象而怀疑自己的。情感上的不重视

---

① 勒内·马朗:《一个同其他人一样的人》,第228页。

只有在那些幼小童年时代受过缺乏爱和理解之苦的人身上才注意得到。”①

让·韦纳兹想要成为同其他人一样的男人，但他知道这种情况是不符合实际的。他是个寻求者。他寻求平静，白人许可的目光。因为他是“他者”。——“感情上的不重视总是导致怕被遗弃的人产生极其痛苦和强迫性的排斥感，在任何地方都没有归属感，而在情感上则有太多依赖……是‘他者’，这是我在怕被抛弃的人的言语中好几次碰到的表达。是‘他者’就是始终感到自己处于不稳定的地位，继续保持警惕，准备被离弃并……为了预料到将会发生的灾难而不自觉地做一切应做的事。

“人们没有充分考虑到这样被抛弃的状况所伴随着的强烈痛苦，这种痛苦一方面与童年时代被排除在外的最初经历有联系，而且也是旧创复发并且更加剧烈……”②

这个怕被抛弃的人索要证据。他不再满足于孤立的证明。他不信任。他在建立一种客观的关系之前要求对方再三做出证明。他的态度的含义是“只要不爱，就不会被抛弃”。被抛弃者是个苛求的人。因为他应当得到所有的补偿。他要受到完全、绝对和永远的爱。你们听着：

① 盖克斯：《被抛弃的神经症患者》，第31—32页。
② 同上书，第35—36页。

我心爱的让,

我今天才收到您7月寄的信。这信完全是不理智的。为什么这样折磨我呢?您是——您体会到吗?一个与残酷毫无近似之处的人。您使我感到幸福却又抱有一丝不安。您使我成为最幸福同时又最不幸的女人。我必须重复讲多少次我爱您,我属于您,我等着您。来吧。①

最后他放弃了。别人要他。别人需要他。他被别人所爱。然而,那么多的幻觉!她真的爱我吗?她是否客观地看我?

一天,一位先生,内德伯伯的一个好朋友来了,蓬塔蓬特从未见过他,他从波尔多来。但,老天爷!他是多么脏,老天爷!内德伯伯的好朋友,这位先生长得多么丑!他的脸又脏又黑,漆黑漆黑,证明他想必不经常洗脸。②

让·韦纳兹想着在外面替他的灰姑娘情结找到理由,在三四岁小孩的身上投下种族主义刻板印象的百宝箱。他对安德

① 盖克斯:《被抛弃的神经症患者》,第203—204页。
② 同上书,第84—85页。

莱说：

> 喂，亲爱的安德莱……，如果我向您求婚，您会不顾我的肤色同意成为我的妻子吗？[1]

他怀疑至极。下面是盖克斯对此的看法：

> 第一个特点似乎是害怕表现出自己是什么人。这里是个各式各样害怕的广大领域：害怕使人失望，使人不高兴，使人厌烦，使人厌倦……并因而错过同别人建立情感联系的可能性，或者，如果这种情感联系已经存在的话，则错过损害它的可能性。怕被抛弃的人怀疑人家能否爱他这样的人，因为他被残忍地抛弃过，而当时年龄很小的他却渴望得到温柔体贴的爱。[2]

然而让·韦纳兹并没有过着一个被剥夺补偿的生活。他作诗。他大量阅读，他对苏阿雷斯[3]的研究很有见地。盖克斯分析道："受自己本人的束缚，局限于自己的矜持态度，消极挑衅

① 盖克斯：《被抛弃的神经症患者》，第 247—248 页。
② 同上书，第 39 页。
③ 苏阿雷斯（1868—1948），法国随笔作家。——译注

加大他那无法弥补的感情：他在继续丢失着一切，或他的被动使他错过一切……因此，除了像**他那知识分子生活或他的职业**那样的特殊领域外，他深刻地感到自己没有价值。”①

这个分析目的何在？完全为了向让·韦纳兹证明他实际上和其他人并不相同。让-保罗·萨特说，使人们对自己的生活感到羞愧。是的：引导他们意识到自己被阻挡的可能性，意识到他们在一些处境中表现出的被动，正好在这些处境中必须像根刺那样紧紧抓住世界的心脏，必要的话，加强世界心脏的节奏，移动指挥体系，但无论如何，都要**面对世界**。

让·韦纳兹表现出的是内心生活的交叉。当他重见安德莱，面对这个他朝思暮想、盼望已久的女人时，他躲在沉默中……如同那些“善于装腔作势地说话和做手势”的人所做的，很有说服力的沉默。

让·韦纳兹是个神经质者，而他的肤色只是试图说明一种身体结构。哪怕这种客观的差异不存在，他也会将它完整地制造出来。

让·韦纳兹是这种想要仅仅立足于空想方面的知识分子。不能同他的同类进行具体接触。别人对他亲切吗？和蔼可亲吗？仁慈吗？因为他无意中发觉了门房的秘密。他“认识他

① 盖克斯：《被抛弃的神经症患者》，第44页。

们”并保持警惕。“我的警惕性——如果能这样表达的话——是个保险扣。我礼貌和天真地欢迎别人主动接近我们。接受并还敬别人给我们的开胃酒，参加在桥上组织的社会小活动，但不让自己依恋别人对我们表示的亲切，不相信自己是属于这种过分易于交往的人，这种交际很快就为敌意所替代，人们不久前还试图将我们孤立在这敌意中。”①

他接受开胃酒，但敬回给别人。他不愿欠任何人什么。因为如果他不敬回开胃酒，他就是个黑人，像所有其他人那样不讨人喜欢。

别人是不是很坏？恰恰因为他是黑人。因为别人不能不讨厌他。然而我们说让·韦纳兹，又名勒内·马朗，只不过就是个怕被抛弃的黑人。别人只是把他放回他的原位，放回到他正确的位置。他是个神经质者，他想要被从他那幼稚的幻想中解救出来。我们说让·韦纳兹不代表黑人与白人关系的实验，而是代表一个神经质，并且碰巧是个黑人的某种行为方式。我们的研究对象明确了：使有色人种在确切的例子帮助下，能够了解束缚他同属的那些心理因素。我们在描述现象学的那一章中将更加着重说说这一方面，但提醒一下，我们的目的是使黑人和白人能够有一个健康的会面的可能性。

---

① 盖克斯：《被抛弃的神经症患者》，第 103 页。

让·韦纳兹长得丑。他是黑人。他还缺少别的什么呢？别人对盖克斯提出一些批评，别人丝毫不怀疑这件明摆着的事：**一个同其他人一样的男人**是一个骗局，是一个企图使两个种族的接触取决于体质病态的努力。我们必须承认这一点：在心理分析和哲学分析方面，体质只有对于已经超越体质的人来说才是荒唐无稽的东西。如果从考据学的观点来看，人们应该拒绝给予体质一切生存空间，仍然会有些人努力进入一些事先定下的框架，我们对此毫无办法。或至少，假设：我们能想点办法。

刚才我们谈到雅克·拉康：这并非偶然。1932 年，他在其论文中猛力批评体质的概念。表面上，我们脱离了他的结论，但如果人们想起我们以构造概念替代法国学派所理解的意义上的体质概念，人们就明白我们的分歧，这种构造概念"包括我们只是部分地认识的无意识心理生活，特别在禁欲和压抑的形式下，因为这些因素积极参与每个身体特性固有的构造"。①

我们见到让·韦纳兹在检查中显露出消极挑衅型的怕被抛弃者的构造。人们可以试图用反应方式，即通过环境与个人的相互影响来解释这一点，并试图规定环境的改变，"变换空气"。正好，人们发觉在这种情况下构造依旧存在。让·韦纳兹迫使自己变换空气的目的并非要确定自己作为人的地位；他的意图

① 盖克斯：《被抛弃的神经症患者》，第 54 页。

不是健康地成人;他丝毫不寻求心理、社会的平衡这个特有的完整倾向,而是寻求他那**外表化**神经质的证明。

一个人的神经症的结构正是冲突症结在自我之中的转化、形成和诞生,这症结一方面来自环境,另一方面来自这个人对这些影响进行反应的完全个人化的方式。

同样人们有着一种故弄玄虚的企图:想从尼尼和马伊奥特·卡佩西亚的行为,推论黑人女性面对白人男性时的行为之普遍规律,我们断言,从韦纳兹向这样的有色人种男人的态度延伸是缺乏客观性的。我们想阻止一切把一个让·韦纳兹的失败归结为其表皮黑色素集中化大小程度的企图。

这种性的神秘——追求白人女性肉体——通过一些错乱意识而转移,它不应再来妨碍积极理解。

我的肤色丝毫不应被视作为一个缺陷。从黑人接受欧洲人强加的划分的时候起,他就不再有丝毫喘息的空隙,并且,"他从此试图将自己提高到白人的等级,这不是可理解的吗?在他规定了一种等级的肤色系列中提高自己?"①

我们将看到可能有另一种解决办法。这就是重新划分世界的结构。

---

① 克洛德·诺代:《有色人种的男子》,1939 年。

第四章　论被殖民者的所谓的从属情结

> 世界上没有一个可怜的人，可怜的男子，在遭受私刑，遭受折磨时，我不会感到和他一样被杀害，被侮辱的。（埃梅·塞泽尔，《狗不作声了》）

当我们开始这项工作时，我们手头只有马诺尼先生刊登在《心灵》杂志上的几篇论著。我们打算写信给作者请他告诉我们他得到的结论。后来，我们得知一部汇集了他的感想的作品即将出版，叫作《殖民化的心理学》。我们将在下文分析此书。

在详细探讨之前，我们应该承认分析的思维是公正的。由于极深地体验到殖民地环境下内在的情绪矛盾，马诺尼先生得以透彻领会那些支配土著-殖民者的关系的心理现象，但不幸的是，他领会得过于透彻了。

现今心理研究的主要特点似乎在于实现某种完整性。但人们不应无视现实。

我们要指出马诺尼先生尽管写了二百五十页的殖民形势研究，但并未抓住它真正的要点。

当人们在处理像清点两个不同民族的理解可能性这样重要的问题时，就应该加倍注意。

我们感谢马诺尼先生在卷宗中介绍了两个要素，其重要性任何人都无法忽视。

一个紧凑的分析似乎将主观性排除出这个领域。马诺尼先生的研究是一种直率的探索，因为它企图说明人们只有接受或否认已定的处境才能在这个可能性之外解释人类自身。因而殖民化的问题不仅包含客观和历史条件的交叉，而且也包含人对于这些条件的态度。

同时，我们不能不认可马诺尼先生的这部分工作，他倾向于把冲突病理化，即论证白人殖民者只是由于他希望在阿德勒式过度补偿的层面上结束一种不满足才受到推动。

然而，当我们读到这句话："一个孤独的马达加斯加**成年人**在另一个环境中能敏锐地感受到传统意义上的自卑，这个事实几乎无可辩驳地证明他从孩提时代起，身上就存在着自卑的萌芽。"[①]这时候，我们发觉自己同他是对立的。

① 马诺尼：《殖民化的心理学》，第 32 页。

在阅读这一段时，我们感到某些东西被颠覆了，而作者的“客观性”有可能引起我们犯错。

然而，我们试图热心地找到指导路线，书的主题如下：“中心思想是‘文明人’和‘原始人’的对峙造成了一个特别的局面——殖民的局面，这种局面**造成了**一整套错觉和误会，只有心理分析能确定它们并定义它们。”①

然而，既然马诺尼先生的出发点是这样的，为什么他要把自卑情结变成先于殖民化而存在的东西？在这方面我们看出解释的技巧，它借助精神病学做如下解释：有一些精神病的潜在形式，在精神上受到剧烈冲击之后变得明显了。在外科上：一个人身上出现静脉曲张并非由于他必须一直站立十个小时，而是由于静脉内壁结构的脆弱；劳动方式只不过是个有利条件，而被征召的超级专家宣布雇主的责任十分有限。

在详细讨论马诺尼先生的结论之前，我们想明确我们的观点。只此一次，我们提出这个原则：一个社会要么是种族主义的，要么就不是。只要人们没有认识到这个事实，人们就会把大量的问题搁置一边。例如，如果说法国北方比南方更加种族主义，种族主义是下属的作品，那么这个结论就绝不涉及精英，所以人们就会说法国是世界上最不种族主义的国家，这是一些不

① 参看该书封二（马诺尼：《殖民化的心理学》）。

能正确思考的人的结论。

为了向我们证明种族主义并不是经济差异的重现，作者提醒我们“在南非白种工人表现出跟领导和雇主们一样的种族主义，有时甚至比他们更种族主义”。[①]

我们很抱歉，但我们要那些负责描述殖民化的人想起一件事：寻求一个不人道的行为在什么方面跟另一个不人道行为不同，这是不切实际的。我们绝不想使我们的问题尽人皆知，但我们要直率地请问马诺尼先生他是否不认为对于一个犹太人来说，毛拉们的反犹太主义和戈培尔的反犹太主义之间的差异是极微小的。

在《可尊敬的妓女》于北非演出结束时，一位将军对萨特说：“您的剧本在黑非洲演出是必要的，它让人看到在法属国家的黑人比他的美国同属更加幸福到什么程度。”

我由衷地认为主观的经历可以被别人理解；而我绝不乐意说：黑人问题是我的问题，我一个人的问题，然后我开始研究这问题。但我感到马诺尼先生没有试图通过这些作品去感受有色人种面对白人的那种失望。在这研究中我竭力去触及黑人的悲剧，不仅富有感情，还和他们感同身受。我不愿保持客观。况且，这是没有根据的：我也不可能完全客观。

---

① 马诺尼：《殖民化的心理学》，第 16 页。

那么，是否在一个种族主义和另一个种族主义之间确实有不同呢？难道人们没有发现人类那同样的衰落，同样的失败？

马诺尼先生以为可怜的南非白人不顾一切经济进程，厌恶黑人。我们可以从反犹太主义的角度去理解这种态度：“因此，我乐意把反犹太主义称作是种穷人的赶时髦。果然，似乎大部分的富人宁愿**利用**这种情绪，不愿陷入此情绪，他们还有更好的事要做。仇视犹太人的心理通常在中产阶级中蔓延，精确地说因为这些人不拥有土地、城堡和房屋！在对待犹太人如同一个下等的和有害的人的同时，我断言自己属于精英。”①除了能理解这种提及反犹心理的态度，我们还可以反驳这种认为白人无产阶级的好斗性转移到黑人无产阶级头上根本是南非经济结构的后果的说法。

南非是什么？南非是一口大锅，锅里两百五十万的白人虐待和关押着一千三百万黑人。如果说白人穷人仇恨黑人，那不是像马诺尼先生暗示的那样，因为“种族主义是小商人和那些忙忙碌碌却无大成就的小殖民者的作品”。② 不是，那是因为南非的结构是个种族主义的结构：“在南非，和黑人友好和博爱是一种侮辱……有人提出把土著和欧洲人从领土上、经济上和政治地位上分开，并使他们能在白人的领导和准许下建立他们白

① 萨特：《对犹太人问题的思考》，第32页。
② 马诺尼：《殖民化的心理学》，第16页。

己的文明，但要尽可能减少种族之间的交往。有人提出给土著们保留一些辖区并强迫尽可能多的土著在那儿居住……要取消经济竞争，并给‘白人穷人’恢复权利、地位准备一条路，这些人占欧洲居民的50%……

“可以毫不夸张地说，南非的大部分人对于一切使土著或有色人种与他们的地位相等的事物感到几乎生理上的不适。”①

为了结束同马诺尼先生的争论，我们回过头来说“造成经济障碍的原因特别来自对竞争的恐惧和保护占欧洲居民一半的穷苦的白人阶级并阻止他们更往下降的愿望”。

马诺尼先生继续说道：“殖民剥削同其他剥削形式并不一样，殖民的种族主义与其他的种族主义也不一样……”②作者谈及现象学、精神分析学、人类的调和，但我们希望他说出的这些词具有更具体的性质。所有的剥削形式都相似。它们都在某个具有《圣经》意义的法令中寻找自己的必要性。所有的剥削形式是相同的，因为它们都应用在同一个“客体”上，那就是人。要是想在抽象方面考虑这种或那种剥削的结构，我们就掩盖了最重要、最根本的问题：使人回其原位。

---

① R.P.奥斯温，圣尼可拉的多米尼加修道院的马格拉斯，斯泰伦博斯，英属南非，《有色人种》，第140页。
② 马诺尼：《殖民化的心理学》，第19页。

殖民的种族主义同其他种族主义没有区别。

反犹太主义深深地触动我,我被感动了,一场可怕的争论导致我贫血,我被剥夺了成为一个人的可能性。我不能从那留给我兄弟的命运中脱身。我的每一个行为都是对人的承诺。我的每一个迟疑,每一个懦弱都是人的表现。① 我们还仿佛听到塞泽尔说:“当我拧开我收音机的开关,听到一些黑人在美国受到虐待时,我说人们对我们撒了谎:希特勒没有死;当我打开收音机,得知一些犹太人受到侮辱、蔑视、屠杀时,我说人们对我们撒了谎:希特勒没有死;最后在我打开收音机并得知强迫劳动在非洲是现实的、合法的时,我说人们真正地对我们撒了谎:希特勒没有死。”②

---

① 在写这个的时候,我们想起了雅斯贝尔斯的抽象犯罪:“人与人之间存在着一种团结,因为他们是人,因此每个人都对世界上所有的不公正和所有邪恶,特别是在他面前或没有忽视他们的情况下犯下的罪行负有共同责任。如果我不尽力阻止他们,我就是一个帮凶。如果我没有冒着生命危险去阻止其他人被暗杀,如果我闭嘴,我会以一种法律、政治或道德上无法充分理解的方式感到内疚……在这些事情发生后我仍然活着发生的事情就像无法解释的内疚一样压在我身上。

“在人际关系的某个深处,规定一种绝对的苛求:在犯罪袭击或生存条件威胁自然人的情况下,只有大家一起接受或者完全不接受生存下去。”(卡尔·雅斯贝尔斯:《德国犯罪》,由雅娜·埃尔施译,第60—61页)。

雅斯贝尔斯宣称有权审理的是上帝。但很容易看出上帝在这里什么也没干。除非是人们想要为对人类现实的这个义务做解释并对这类义务负有责任。从我的一点点最小的行动都与人类有关这意义上来看两者皆是。通过表达我的存在超越自我的某种方式,我肯定了我的行为对他人的价值。相反,在令人不安的历史时期观察到的被动被解释为未能履行这一义务。荣格在《现代悲剧面面观》(*Aspects du drame contemporain*)中说一切欧洲人应该能够在一个亚洲人或印度人面前对纳粹犯下的野蛮行径做出回答。另一个作者,玛丽兹·舒瓦齐夫人在《波利克拉特的戒指》中描述了作为占领时期“中立者”们命中注定的遭遇的犯罪。他们隐隐约约地感到自己对所有这些死者和所有的布痕瓦尔德集中营负有责任。

② 纪念城——《政治演讲》,1945年选举运动,法兰西堡。

对,欧洲文明及其最有地位的代表们对殖民的种族主义负有责任[①];我们仍然援引塞泽尔:“于是,有一天,资产阶级被可怕的报应唤醒了:盖世太保在忙着,监狱人满为患,施刑者们在拷问架周围创造、改进、讨论。

“人们感到惊讶和愤怒。人们说:‘这多么奇怪!但是,唔!这是纳粹主义,会过去的!’于是人们等待,并抱着希望;人们对自己闭口不谈真相,却告诉自己这是野蛮行径,但这是最后的野蛮行径,是圆满完成的野蛮行径,是概括野蛮的日常性的野蛮行径;这是纳粹主义,不错,但在成为纳粹主义的受害者之前,人们曾经是其同谋;这个纳粹主义,人们先是支持它,后来忍受它,人们宽恕它,对它睁一只眼闭一只眼,人们将它合法化,因为直到那时,纳粹主义的受害者仅仅是欧洲以外的人民;这个纳粹主义,人们培育了它,人们对此负有责任,而纳粹主义先是冒头、突破而出、滴下,然后卷入在它带来的血海中,淹没在所有的西方文明和宗教文明的裂缝里。”[②]

每当我们见到一些阿拉伯人,一副被逼得走投无路的样子,疑心重重,随时准备逃跑,穿着这种撕破的,仿佛为他们量身定制的长上衣时,我们认为:马诺尼先生搞错了。我们屡屡在大

① “欧洲文明及其最有地位的代表们并不对殖民的种族主义负有责任;种族主义是那些忙碌而无成就的下层人、小商人和移民者的成果。”(马诺尼,第16页)

② 塞泽尔:《关于殖民主义的讲话》,第14—15页。

白天被便衣警察逮捕，他们把我们当作阿拉伯人，而当他们发现我们的原籍时，他们赶忙道歉：“我们十分清楚马提尼克岛人和阿拉伯人不同。”我们强烈抗议，但人们对我们说，“你们不了解他们。”的确，马诺尼先生搞错了。因为这个表达：“欧洲文明及其最有地位的代表们并不对殖民的种族主义负有责任”是什么意思？如果说殖民主义不是冒险家们和政客们的作品，“最有地位的代表们”确实没有实际参与到这些混乱中来。但是，弗朗西斯·让松说，一个国家的每一个公民都要对以国家名义实施的行为负责：“日复一日，这个制度在你们周围孕育着恶果，日复一日，其轻诺寡信者们背弃你们，代表法国继续进行一个尽可能与你们真正的利益，而且与你们最大的需要不相干的政策……你们以在某种现实范畴中保持一定距离为荣：因此你们给那些丝毫不讨厌不良环境的人——既然这是由他们自己创造出的环境——留下自由。而且你们之所以能够表面上不玷污自己，那是因为别人代替你们干了脏活。**你们有打手**，归根到底，真正有罪的是你们：因为如果没有你们，没有你们瞎了眼地玩忽职守，这样的人不可能继续进行一个使你们受到谴责，也使他们名誉扫地的行为。”①

刚才我们说南非有个种族主义的体系。我们更进一步讲，

① 弗朗西斯·让松：《这个被征服和平定的阿尔及利亚……》载《思想》，1950 年 4 月，第 624 页。

欧洲也有一个这样的体系。大家看得很清楚马诺尼先生对这个问题并不感兴趣，因为他说：“法国是世界上最不种族主义的国家。”[①]优秀的黑人们，为你们是法国人而高兴吧，即使这有点儿艰难，因为在美国，你们的同属比你们更不幸……法国是个种族主义国家，因为“黑人即坏人”的传说是集体潜意识的一部分。我们在稍后（第六章）加以指出。

我们继续引用马诺尼先生的话：“和肤色有关的自卑情结的确只有在少数生活在另一种肤色环境中的人身上才能留意到；在一个如马达加斯加那样比较清一色的集体中，社会结构仍然相当牢固，人们只有在特殊情况下才会意识到自己的自卑情结。”[②]

我们再次要求作者谨慎些。在殖民地的白人从未觉得自己在任何方面低人一等；正如马诺尼先生说得那么好：“他将要么被当成上帝，要么被毁灭。”殖民者尽管是“少数”，但并不感到自卑。在马提尼克岛有两百个白人，他们认为自己高于三十万个有色人种。在南非，有两百万个白人，近一千三百万个土著，却没有任何一个土著感到自己胜过白人少数派的。

如果说阿德勒的发现以及昆凯尔那同样有意思的发现说明了某些神经症的行为，那么我们决不能从中推断出适用于无限

① 马诺尼：《殖民化的心理学》，第 31 页。
② 同上书，第 108 页。

复杂问题的规律。土著的自卑感是与欧洲人的优越感相关联的，我们要有勇气说：**是种族主义者制造的自卑感**。

通过这个结论，我们再回过来看萨特所说的："犹太人是别人眼中的犹太人：这是个简单的真理，我们应当从这点出发……犹太人是反犹太人主义者**制造**出来的。"①

马诺尼先生跟我们所谈的特殊情况是什么样的？十分简单，情况是受过西方教育的人突然发现自己被他所认同的一种文明抛弃了。因而结论如下：如果作者按照真正的马达加斯加模式来假设他的"依赖性行为"，那么一切都最好不过了；然而，如果他忘记自己的地位，如果他以为自己和欧洲人平起平坐了，那么所谓的欧洲人就会生气，并拒绝接受这个恬不知耻的人，——他在这时候并在这种"特殊情况"下，用自卑抵偿了他对从属地位的拒绝。

先前，我们在马诺尼先生的某些引证中察觉到了一个几乎没有危害的误会。果然，他让马达加斯加人在自卑和依赖之间做选择。除这两个选项之外，别无他法。"当他（马达加斯加人）成功地在生活中同一些上层人物建立了某些联系（依赖）时，他的自卑不再困扰他，一切顺利。当他不成功时，他的不安全地位不是这样合乎规定时，他就遭受失败。"②

---

① 萨特：《对犹太人问题的思考》，第 88—89 页。
② 马诺尼：《殖民化的心理学》，前 61 页。

马诺尼先生首先关心的是批判不同的人种志学者直到现在使用的方法，这些人对原居民感兴趣。但我们认为我们应当对他的作品加以指责。

“在把马达加斯加人圈在其习俗范围内，对他的世界观实施片面的分析，在封闭的范围内描述了马达加斯加人，说过了马达加斯加人同有高度部落特征的祖先们保持从属关系之后，作者不顾一切客观性，把他的结论应用在双向的理解上——故意地忽视了自从加利埃尼以后，马达加斯加人就不复存在了。”

我们对马诺尼先生的要求是给我们解释殖民形势。他奇怪地漏了这件事。什么也不丢失，什么也不创造，我们同意。乔治·巴朗迪埃在对卡迪纳和林顿关于个性的动力的研究[①]中可笑地模仿黑格尔写道：“其最后的状态是其所有前面的状态的结果，并应该包含其所有前面状态的所有原则。”这是心血来潮，但仍然是许多研究者的准则。欧洲人到达马达加斯加所产生的反应和表现并没有被增添到先前存在的东西中。没有增加先前的物质整体。如果说一些火星人寻求殖民地球人，那不是为了把火星文化传授给地球人，而是十足地**殖民**我们，我们怀疑任何个性的可持续性。卡迪纳改正了许多判断，写道：“对阿洛

① 《人种志学重新找到人的一致性之处》，载《思想》，1950 年 4 月。

尔的人传授基督教，这是堂吉诃德式的举动……只要个性是由一些完全和基督教学说不和谐的因素构成，这就没有任何意义：这肯定是从错误的部分开始的。”[①]且如果说黑人听不进耶稣的教导，这丝毫不是因为他们不能领会它。理解某些新事物要求我们为此做打算，做准备，要求重新教育。期待黑人或阿拉伯人在几乎吃不饱肚子时去努力在他们的世界观中插入抽象的价值，这是空想要求一个尼日尔河上游的黑人穿鞋，说他不可能成为一位舒伯特，就像为贝利埃宗的一个工人晚上不研究印度文学中抒情诗而感到吃惊或宣称他永远不会成为爱因斯坦一样荒谬。

的确，绝对地，没有什么会反对这样的事情。没有。——除非当事人自身就没有这种可能性。

但他们并不抱怨！证据如下：“清晨过后，在我父母那边，小屋的墙上皴裂出一些小泡，好像一个罪人正受到水疱的折磨，而那显得单薄的屋顶，用一块块汽油桶皮打了补丁，使那肮脏不堪，发臭的灰色草面汪着一摊摊锈水，而在狂风呼号时，这些不协调的东西使这风声变得十分古怪，先是像油炸的噼啪声，然后像把燃烧着的木炭投入水中，带着火熄灭而升起的烟。我的家族从木板床上起身，我的全部家族从这木板床上起身，这床的床

① 由乔治·巴朗迪埃援引，《人种志学重新找到人的一致性之处》，第610页。

腿是用火油箱做的，好像患了象皮病似的，床上铺的是小山羊皮、干香蕉叶、破衣烂衫，令人对我祖母的床垫感到怀念（床的高处，在一只装满油的罐子里，一盏昏暗的灯，灯火像只大萝卜在舞动……罐子上，用金色的字母写着：MERCI［谢谢］）。”[①]很不幸，“这种态度，这种行为，这种陷入耻辱和灾难套索的跌跌撞撞的生活进行反抗，同自己争论，同别人争论，叫嚣作为我的信仰，人们问他：

“‘您有什么法子？’

“‘开始！’

“‘开始什么？’

“‘世界上唯一值得开始的事情：世界末日，当然啦。’”[②]

马诺尼先生忘记的是马达加斯加人不再存在了；他忘了马达加斯加人**同欧洲人一起生活**。到达马达加斯加的白人扰乱了思想活动等境域和心理学机制。大家都说，对于黑人来说，相异性不是黑人，而是白人。一个像马达加斯加这样的岛屿，随时遭“文明的先驱”侵入，即使这些先驱尽可能地表现得好，它还是遭到破坏。况且马诺尼先生说：“殖民初始，每个部落都想要拥有自己的白人。”[③]人们用不可思议的图腾机械论，用同可怕的

① 埃梅·塞泽尔：《回乡笔记》，第 56 页。
② 同上。
③ 马诺尼：《殖民化的心理学》，第 81 页。

上帝接触的需要,用对从属体系的阐明来解释这事,在这个岛上,这些东西并不比产生的新事物少,人们应考虑到这点——否则就要使分析变得错误、荒谬、陈腐。由于出现了新带来的东西,我们就必须试图理解一种新的关系。

抵达马达加斯加岛的白人造成了绝对的创伤。这种欧洲人侵入的后果不仅仅是心理上的,因为大家都说在心理意识和社会背景之间有着内在关系。

经济后果?我们应当谴责的是殖民本身!

继续我们的研究。

"抽象地说,马达加斯加人能容忍自己不是白人,但残酷的是首先发现自己是个人(通过验明正身),**然后**这个统一体被分裂成白人和黑人。如果'被抛弃'或'被背叛'的马达加斯加人维持他的身份鉴定,则这个身份鉴定变成了要求,于是他要求**平等**,然而他却毫不感觉到需要**平等**。在他索要这平等之前,这些平等本来对他有益,但后来它们却成了不足以医治他毛病的药方:因为在可能的平等中一切进步都使得这差异更加不能忍受,这差异突然显得令人痛苦,且无法抹去。就这样他(马达加斯加人)从对白人的依赖变成心理上的自卑。"①

这里,我们还发现同样的误会。马达加斯加人显然完全能

① 马诺尼:《殖民化的心理学》,第85页。

忍受自己不是白人。马达加斯加人就是马达加斯加人;或更恰当地说不是,一个马达加斯加人**不是**马达加斯加人:他的“马达加斯加性”绝对存在。他之所以是马达加斯加人,那是因为白人到来,如果说在历史中的一定时刻,他向自己提出要知道自己是不是个人的问题,那是因为别人对他这个人的真实性提出异议。换句话说,如果白人强行歧视我,使我成为一个被殖民者,从我这里夺走一切价值、一切独创性,称我为世界的寄生虫,我必须尽可能快地遵守白人世界的规矩。“我是个粗野的笨蛋,我的人民和我都像绣花枕头中的稻草芯,我在世界上一无用处。”[①]我就开始对自己不是个白人感到痛苦。于是我十分简单地变成白人,就是说我迫使白人承认我的人性。但马诺尼先生会对我们说不能够这样,因为在我们的深处存在着从属情结。

“并非所有的种族都能被殖民,只有那些有这种需要的人才是被殖民者。”且更加过分的是:“欧洲人几乎在各处都建立了当前‘议论中的’类型的殖民地,人们都可以说在这些地方,殖民对象在无意识中等待他们,甚至向往他们。到处都有一些传说将他们描述为来自海上,带来善举的异乡人。”[②]正如大家所见,白人受权力情绪驱使,受领袖情结驱使,而马达加斯加人却顺从一种从属情结。皆大欢喜。

---

① 埃梅·塞泽尔:《回乡笔记》。
② 马诺尼:《殖民化的心理学》,第 87—88 页。

当问题是要明白为什么欧洲人——外国人——被叫作vazaha，即“尊敬的外国人”时；当涉及搞明白为什么遇到海难的欧洲人被张开双臂欢迎，为什么欧洲人——外国人——从未被想象成敌人时；人们不是从人道、好心、礼貌及被塞泽尔称为“古老的有礼貌文明”的主要特点出发去搞明白，而是对我们说这十分简单，因为被刻在“命运的象形文字”中（特别是无意识），有着某种事物将白人变成人们期待的主人。无意识，对，问题就在这里。但不应做更多推论。曾有一个黑人对我叙述这样一个梦：“我走了很久，我很累，我觉得某种事物在等着我，我跨过栅栏和墙，我到达一间空无一人的大厅，我听到门后有个声音，我在进去之前犹豫了一下，最后我下了决心，我走进去，在这第二个房间里有些白人，我看到我也成了白人。”我知道这位朋友晋升有困难，当我试图明白这个梦，分析它，我推断出这个梦反映了一个无意识的向往。但如果我必须在我的精神分析实验室之外，把我的结论纳入世界的背景时，我会说：

1. 我的病人受自卑情结困扰。他的精神结构有崩溃的危险。问题在于使他免遭此危险，并渐渐地使他从无意识的想象中解脱出来。

2. 如果他处于完全被这成为白人的愿望所占据的程度，那是因为他生活在一个可能使他产生自卑情结的社会，在一个对维持这一情结达成了一致的社会，在一个推崇优等人种的社会；

正是由于这个社会给他制造困难，他才被安置在神经症的处境中。

于是，这显示了对个人和群体同时施加影响的必要性。作为精神分析学家，我应该帮助我的病人**意识到**他的无意识，让他不再试图产生幻觉，而是顺着社会结构的改变而行动。

换句话说，黑人不再应该被置于这种进退两难的处境中：变成白人或消失，但他应该能意识到生存的可能性；还是换句话说，如果社会因他的肤色而给他制造困难，如果我指出他的梦是表达改变肤色的无意识欲望，那么我的目的不是通过劝他"保持他的距离"来使他放弃这欲望；相反，我的目的是，一旦动机明确，使他能对真正冲突的源头——对社会结构**选择**主动（或消极被动）。

马诺尼先生关心从所有的角度去考虑问题，没有错过询问马达加斯加人的无意识。

他为此分析了七个梦：这七个叙述把无意识传达给我们，其中我们发现有六个显示出恐怖的特点。一些孩子和一个成年人告诉我们他们的梦，我们看到他们颤抖着，看上去不可捉摸且很可怜。

厨师的梦：

我被一群怒气冲冲的**黑人**追赶。可怕极了，我爬上一棵树,我在树上一直待到他们离开。我胆战心惊地从树上下来,浑身直哆嗦。……

十三岁的男孩拉赫维的梦:

我在树林里散步时,碰到两个**黑人**。啊!我说,我完了!我想逃跑,但不可能。他们把我围起来并用他们的方式嘟嘟哝哝。我以为他们说:"你会看到什么是死。"我怕得发抖,对他们说:"先生们,放开我,我太害怕了!"其中一个人懂法语,但不管怎样,他们说道:"去见我们的首领。"在行走时,他们让我走在他们的前面并让我看他们的枪。我更加害怕了,但在到达他们的营地之前,得穿过一条河流。我跳入水底。多亏我冷静,我找到一个石洞并躲在里边。在那两个人离去之后,我逃跑并回到我父母的家。……

若赛特的梦:

梦的主体(一个姑娘)迷了路,坐在一根躺倒的树干上。一个着白袍的女人告诉她,声称自己是强盗帮里的人。叙述这样继续道:"我是小学生,"我颤抖地回答说,"我从学校回来时,在这儿迷了路。"她对我说:"走这条路,你就到家了。"……

十三四岁的男孩拉扎菲的梦：

他被一些土著步兵（塞内加尔人）追捕，他们跑步时“发出跑马的声音”，“他们把自己的步枪端在前面”。他逃到了步兵们的视线范围之外。他爬上一个楼梯并找到自己的家门……”

十三四岁的姑娘埃尔菲娜的梦：

我梦见一头**黑牛**拼命在追我。那头牛很壮。它的头几乎是布满白色斑点（原文如此），有两只很尖的长角。啊！多倒霉！我心想。路变得狭窄了，我怎么办呢？我趴在一棵杧果树上。唉！我掉下来，摔到了荆棘上。于是它用角刺向我。我的内脏流出来，被它吃了……

拉扎的梦：

在他的梦里，他在学校听说塞内加尔的人来了。“我走出学校院子去看。”确实，塞内加尔人来了。我往回家的路逃跑。“但我们的家也被他们拆了……”……

十四岁男孩西的梦：

我在花园里散步，我觉得有什么东西像影子一样

> 紧跟着我。我四周的树叶令人很不舒服，好像有个强盗想抓我。当我走完所有的小径时，那影子仍然跟着我。于是我害怕了，我开始逃跑，但那影子跨着大步，伸出它的大手来拉我的衣服。我觉得我的衬衫被撕破了，于是我大声呼叫。我的父亲听见叫声便立刻从床上跳下来看着我，但那个大**影子**消失了，我不再感到害怕。[1]

这些梦的记录已有十来年了，我们感到十分惊讶，北非人竟厌恶有色人种的人。当时我们还不可能与土著们取得联系。我们把非洲留给了法国，却没有搞明白这个愤激的理由何在。然而有些事实引起我们的思考。法国人不喜欢犹太人，犹太人不喜欢阿拉伯人，阿拉伯人不喜欢黑人……人们对阿拉伯人说："你之所以穷，那是因为犹太人诈骗你，把你的一切都抢走了"；对犹太人说："你们不要以为你们其实是白人并且有伯格森和爱因斯坦就能够同阿拉伯人平起平坐"；对黑人说："你们是法兰西帝国最棒的士兵，阿拉伯人自以为高于你们，可他们搞错了。"况且，这不是真的，人家跟黑人什么也不说，什么也没说过，塞内加尔土著步兵就是个步兵，是他上尉的好步兵，只知道

① 马诺尼：《殖民化的心理学》，第一章《梦》，第55—59页。

听从命令的勇士。

“你别过去。”

“为什么?”

“我不知道。反正你别过去。”

白人由于不能面对所有的要求,所以开始推卸责任。我把这个过程叫作犯罪的种族分类。

我们曾说过有些事实令我们惊讶。每当有反抗活动,军方只让有色人种士兵上阵。这是些“有色人种的人”,他们把别的“有色人种的人”的解放企图化为泡影,证明没有必要推广过程:如果懒惰的阿拉伯人相信造反,那并不是以可公开的原则的名义,而是十分简单地想要发泄他们那“土著”的无意识。

一位有色人种大学生在第二十五届天主教学生大会上,参加关于马达加斯加的辩论时,以非洲人的观点说了下面这句话,“我反对派遣到马达加斯加的塞内加尔步兵和他们在那儿犯下的暴行”。此外我们知道塔那那利佛警察局的一个拷问者是个塞内加尔人。因此,了解了这一切,了解了那个塞内加尔原型对于马达加斯加人的意义,弗洛伊德的发现对我们就毫无用处。问题在于把这个梦放回到**它的时代**,而这个时代正是八万个土著被杀害的时期,即五十分之一的居民被杀;**放回到做这梦的地点**,这个地点是有四百万居民的一座岛,在岛内不能建立任何真正的联系,那里到处爆发着纠纷,那里唯一支配人的是谎言和对

群众的煽动。① 是否应当说在某些时候,社会比人更重要。我

---

① 我们注意到在塔那那利佛的诉讼中所做的这些陈述。

8月9日的听证。拉科托瓦奥声明:

男爵先生对我说:“既然你不愿接受我刚说的话,我要让你到反省厅去(……)”我到了相连的那间屋子。有关的那间反省厅已灌满水,加之,也有一个灌满脏水的桶,男爵先生为了不再多说,对我说道:“这就是教会你接受我刚才叫你表明的方法。”一个塞内加尔人奉巴隆先生之命让我“像其他人那样吃吃苦头”。他让我跪下,两只手腕分开,然后他拿起一把木钳子夹住我的手,接着,我跪着和两只手被夹着,他把脚踩在我的颈背并把我的头浸在桶里,看到我快昏过去时,他抬起脚让我吸口空气。这样反复,直至我完全筋疲力尽。于是他说:“把他带走并给他几下。”因此塞内加尔人使用了牛筋鞭子,但男爵先生走进拷打室并亲自参加鞭打。我想打了大约十五分钟,拷打到最后我说我受不了了,因为,尽管我年轻,可这是无法忍受的。于是他说:“那么你必须接受我刚才对你说的话!”

“不,长官先生,这不是真的。”

这时,他让我到拷打室,叫了另一个塞内加尔人,因为单单一个是不够的,他下令倒提起我的双脚,把我的身体扔进桶里直到胸部。他们这么反复了好几次。最后我说:“这太过分了! 让我跟男爵先生谈话。”我对男爵先生说:“我要求至少与法国相称的对待,长官先生。”而他回答我说:“这就是法国的对待!”

我再也受不了了,我对他说:“那么我接受您声明的第一部分。”男爵先生回答道:“不,我不要第一部分,而是全部——否则我就是说谎话——撒谎或不撒谎不管,你必须接受我对你说的话……”

陈述继续:

男爵先生立即说:“让他受受另一种刑。”这时,有人把我领到隔壁反绑着,那里有一座水泥小楼梯。我的两个胳膊反绑着,那两个塞内加尔人倒提起我的双脚,让我就这样地上下这小楼梯。这开始变得无法忍受了,且即使我有足够的力气,也是吃不消了。我对那两个塞内加尔人说:“那么告诉你们的头儿我接受他要让我说的话。”

8月11日的听证。被告罗贝尔叙述:

宪兵抓住我的上衣领子并在后面踢了我几脚和在我脸上打了几拳。然后他让我跪下,男爵先生就开始打我。

不知道怎么他从我后面过,于是我感到他在用火烧我的脖子。我试图用手去挡,但我的手也被烧伤……

我第三次倒在地上失去知觉,我记不得发生什么事了。男爵先生叫我在一张事先准备好的纸上签字;我以示意动作说:“不。”于是长官又叫来那个塞内加尔人,后者把我扶到另一个行刑室,他说:“必须接受,否则你会死的”。——“他活该,该开始操作了,让。”长官说,“他们把我的双臂反绑,让我跪下并把我的头浸在装满水的桶里,正好在我快要窒息而死时他们把我又拉出来。他们这样地反复了好几次直到我完全筋疲力尽……”

我们注意到,为了任何人都不知此事,见证人拉科托瓦奥被判处了死刑。

于是,当人们读到这样的事情时,似乎马诺尼先生漏掉了他所分析的现象的一个方面:黑牛,黑人,正好只不过是保安局的那些塞内加尔人。

想到 P.纳维尔写道:"谈论社会的梦想和谈论个人的梦想没什么两样,集体力量的意愿就如个人的性本能,这是又一次颠倒事物的自然范畴,因为相反地,是阶级斗争的经济和社会条件说明和决定了表达个人性本能的真正条件,而一个人的梦想的内容归根到底也是取决于他所生活其中的文明的一般条件。"①

发怒的黑公牛并不是生殖力的象征。那两个黑人并不是两个父亲——一个代表真正的父亲,另一个代表祖先。这就是在马诺尼先生前一节——"对死者的崇拜和家庭"——的结论的基础上,一个深入的分析本来能够给出的结论。

塞内加尔步兵的枪不是阴茎,而真正是支 1916 年造的勒贝尔式步枪。黑公牛和强盗并不是乳房,"内容丰富的内心世界",但确实是在睡眠时蜂拥而至的真正的幻觉。这种老一套,这个梦境的中心主题,如果不是表示恢复正道,那又表示什么呢?一会儿是**黑人**步兵,一会儿是头上布满白斑点的**黑**公牛,一会儿干脆是个十分可爱的白种女人。在所有这些梦中我们如果不是发现这个中心思想:"脱离老一套,在树林里散步;在树林里遇见那头公牛,把你急速地领到家。"②

马达加斯加人,安静一点吧,待在你们的位置上。

马诺尼先生在描述了马达加斯加人的心理后, 打算解释殖

① 皮埃尔·纳维尔:《心理学、马列主义、唯物主义》,第 151 页。
② 马诺尼:《殖民化的心理学》,第 71 页。

民主义的理由。这么干着，他在现有的名单上又加上一个新的情结：“普罗斯佩罗情结”，——指的是全部无意识的神经支配，它同时勾画“殖民的家长式统治的嘴脸”和“种族主义者的画像，他的女儿曾经是一个低等人企图强奸（想象的）的目标”①。

正如人们所见，普罗斯佩罗是莎士比亚剧本《暴风雨》中的主人公。对面，有他的女儿米朗达和卡利班。面对卡利班，普罗斯佩罗采取南美人十分熟悉的态度。他们不说黑人伺机扑向白种女人吗？有意思的是，无论如何在作品的这部分中，马诺尼先生不断地使我们领会那些没有解决好的冲突，这些冲突似乎基于殖民的使命。果然，他对我们说：“殖民者所缺的，如同普罗斯佩罗所失去的，是他人的世界，他人彼此尊重的世界。殖民典型离开了这个世界，因难以接受人们的原样而被驱逐。这种逃跑和出于幼稚统治的需求联结在一起，而对社会的适应也未能对其进行约束。殖民者是否‘只关心旅行’，想逃避‘他诞生地的可怖’或‘古老的护墙’，或者更赤裸裸地，想要‘一个更加宽阔的生活’，这都不重要……问题始终在于对一个无人世界诱惑的妥协。”②

如果另外考虑到许多欧洲人到殖民地去是因为在那儿他们

① 马诺尼：《殖民化的心理学》，第108页。
② 同上书，第106页

可能在短时间内发财，因为除了少数例外，殖民主义者是商人，或确切地说，是进行非法买卖的贩子，人们就会明白那在本地引起"自卑感"的人的心理。至于马达加斯加人的"从属情结"，至少在那我们可以懂得和可以分析的唯一的形式下，它也是由于白种殖民者到达岛上而产生的。从其另外一种形式，从这种在单纯状态下的原始的情结——它本来成为整个先前时期的马达加斯加人精神状态的特点——，我们觉得马诺尼先生并不能得出一丝一毫的有关现时本地的形势、问题或可能性的结论。

第五章　黑人的实际经验

“肮脏的黑人！”或仅仅是：“瞧，一个黑人！”

我来到这个世界，渴望理解事物，我的头脑中充满源自世界的欲望，而现在我发现自己是在其他物体中的物体。

由于被困在这一使人压抑的客观性中，我恳求他人。他那救世主的目光扫在我突然变得没有粗糙感的身上，使我有一种我以为已丢失了的轻松，通过使我离开世界，而又使我回到世界里。但在那儿，就在斜坡上，我绊倒了，而另外那人通过手势、态度、目光扶住了我，就像用染料固定住草图。我发火了，要求做出解释……却没得到回应。我爆炸了。这是另一个重聚的我收集的零星碎片。

只要黑人在他自己家乡，他就不会要为了他人去考验自己的存在，除了在小小的内心斗争时。确实存在如黑格尔所说的“为他人而存在”的时刻，但在被殖民和开化的社会中一切本体论都变得不可实现。似乎这一点没有引起那些写有关这问题的人的重视。在被殖民人民的**世界观**中，有不纯洁的东西，有瑕疵，它阻止一切本体论的解释。可能，别人会反对我们提出意见，说凡是个人都如此，但这掩盖了一个根本问题。当人们一劳永逸地许可本体论把生存搁置一边时，本体论就不能使我们懂得黑人的存在。因为黑人不再需要是黑色的，只要在白人面前是这样即可。某些人会想到提醒我们说处境是双向的，我们回答说这是错误的。在白人看来，黑人没有本体论的抗力。黑人根据他们应该所处的情境，有两套参考系统。他们的空想，或不客气地说，他们的习惯和恳求被取消了，因为这一切是同一个他们不了解却又强加给他们的文明相矛盾的。

20 世纪时，在自己家乡的黑人不知道什么时候自己的自卑就会传给另一人……毫无疑问，有时我们会同一些朋友讨论黑人问题，我们也会同美国黑人讨论，但情况比较少见。我们一起表示抗议并肯定这个世界上人人平等。在安的列斯群岛，也有存在于土著、混血儿和黑人之间的这种小小脱节。但我们满足于在理智上谅解这些分歧。事实上，这并不严重。再说……

再说我们有可能面对白人的目光。一个不寻常的沉重包袱压得我们透不过气来。真正的世界同我们争夺我们的份额。在白人世界，有色人种在认识自己的身体简图中遇到困难。对身体的认识是一个彻底否定性的活动。这是从第三人称的角度去认识身体。不确定的氛围笼罩在身体周围。我知道如果我想吸烟,我必须伸出右臂并抓取在桌子另一端的烟盒。火柴在左边的抽屉里,我必须稍微往后退。而我做所有的这些动作并非出于习惯,而是出于一种暗含的对自我的认识。作为空间的和时间的世界内部的个体,慢慢地构成我的自我,简图似乎就是这样。这简图对于我来说不是非此不可,它不如说是自我和世界的决定性的构造——说它是决定性的,因为它在我个体和世界之间设置了一种有效的辩证法。

几年来,一些实验室打算发明出去除黑人化的血清;一些世界上最认真的实验室冲洗它们的试管,调整它们的天平,开始进行能使不幸的黑人变白的研究,这样黑人就可以不再忍受这种身体的不幸之负担。我在身体简图的下面制作了一张历史种族的简图。我使用的要素不是由"触觉、听觉、动作和视觉的感觉及知觉残余"①提供的,而是通过另一人,白人,他给我编织了许多细节、趣闻、故事。我认为需要构造一个心理上的自我,要平衡空间,要使感觉局部化,而现在这就是别人声称需要我补充的部分。

"瞧,一个黑人!"这是我路过时外界轻弹给我的刺激,我微微一笑。

"瞧,一个黑人!"这是真的。我觉得很逗。

---

① 让·莱尔米特:《我们的全身像》,第17页。

“瞧,一个黑人!”人群逐渐围紧。我公开自娱自乐起来。

“妈妈,看那个黑人,我害怕!”害怕！害怕！怕起我来了。我本想乐得透不过气来,但这对我来说变得不可能了。

这不可能了,因为我已知道存在一些传说、故事、历史,而尤其是雅斯贝尔斯教给我的**历史真实性**。于是身体简图在好几点上受到攻击,垮台了,让位给种族的表面简图。在火车上问题不再是用第三人称认识我的身体,而是用三个人,别人不是让给我一个位子,而是两个、三个位子。我已经乐不起来了。我丝毫发现不到世界那狂热的坐标。我作为三个人而存在：我占据地方。我走向另一人……而另一人渐渐消失,抱有敌对情绪但并不难理解,他感情外露,心不在焉,他不见了。恶心……

我一下子对我的身体负责,对我的种族负责,对我的祖先负责。我客观地扫视自己,发现我的黑色皮肤,我种族的特征——吃人肉、智力迟钝、拜物教、种族的毛病、黑奴贩子们,以及尤其那句“Y a bon banania.”穿破了我的鼓膜。

那天,我茫然不知所措,不能跟另一人——白人——外出,他无情地把我关起来,我远不是我本来的存在,远远不是,因为我把自己变成了物件。对于我来说,如果这不是脱离、痛苦,使凝结在我全身的黑人血液出血,那又是什么呢？然而,我不要这种重新考虑,这种优化,我只不过想是其他人中的一员。我本想变得平静和年轻,到达一个我们共同的世界并一同建设。

但我拒绝一切情感的束缚。我想要是个人，仅仅想要是个人。某些人把我和我的那些成为奴隶身份的、受迫害的祖先联系在一起：我决定接受，通过全面的理解能力我懂得这种内部的亲属关系：我是奴隶的孙子，如同勒布伦总统是任人奴役剥削的农民的孙子那样。基本上警报相当快地烟消云散了。

在美国，一些黑人被弃置于一旁。在南美，人们在街上鞭打和扫射黑人进步分子。在西非，黑人被当成牲口。而那儿，离我很近的地方，就在我的旁边，这位出生于阿尔及利亚的同学对我说："只要使阿拉伯人变成像我们一样的人，就没有任何解决办法会是可行的。"

"亲爱的，你看出对有色人种的偏见吗？我不知道这……但那又怎么样，进来，先生，我们这儿不存在对有色人种的偏见……黑人完全是像我们一样的人……并不是因为他肤色黑而没有我们聪明……在军队里我曾有个塞内加尔人伙伴，他非常机灵……"

我在哪儿落脚？或者，你们更喜欢这说法：我在哪儿藏身？

"马提尼克人，出生于'我们的'老殖民地。"

我躲在哪儿？

"看那个黑人……妈妈，一个黑人！……嘘！他要生气的……先生，别在意，他不知道您也像我们一样有教养……"

我的身体使我又觉得暴露无遗，浑身散了架，精疲力竭，在这冬天的白日下一切笼罩着忧郁的气氛。黑人是头牲口，黑人低劣，黑人是坏人，黑人长得丑；瞧，一个黑人，天冷，黑人在发抖，黑人发抖是因为他冷，那小男孩发抖是因为他怕黑人，黑人冷得哆嗦，这寒冷钻入你的骨髓，那个漂亮小男孩发抖是因为他以为那黑人气得哆嗦，白种小男孩扑到母亲怀中：妈妈，那黑人要吃我。

在白人周围，上面，天空正在撕裂，大地在我脚下嘎吱嘎吱作响，这是白人的歌声，白人的！整个这种白色烧灼着我……

我在火边坐下，我发现了我的号衣。我没有注意过它。它确实让我显得很丑。我不再想这个问题了，因为谁来告诉我美是怎么样的？

今后我在哪儿藏身？我感觉从我的存在的无数分布中升起一股容易辨认出来的汇流。我即将发怒。火熄灭了好久，那黑人又开始发抖。

“看，这个黑人很帅……”

“夫人，长得帅的黑人不把您放在眼里。”

她满脸羞愧。我终于摆脱了我的反复思考。我一下子干了两件事：我识别我的敌人，并且大吵大闹。我十分满意。这下可就好玩儿了。

战场界线已经划清，我加入争论。

怎么？在我正忘却、原谅和只想爱的时候，人家却退回我的使命,犹如给了我一个响亮的耳光。白人世界是唯一正直的,它拒绝我的一切参与。人们要求一个人有人的举止。要求我则是有黑人的举止——或至少是黑人的举止。我呼唤世界而世界却削减我的热情,人家要我闭居、变得狭隘。

他们等着瞧吧!然而我曾让他们提防。奴隶制?人们不再谈及,这是个糟糕的回忆。我所谓的自卑?这是个戏弄人的笑话,最好嗤之以鼻。我忘却一切,但除非世界不对我遮住它的侧翼。我要试试我的门牙。我觉得门牙很结实。然后……

怎么?在我完全有理由去仇视、厌恶时,人家却反驳我?在原本应当是人家恳求、央求我的时候却拒绝承认我?既然我不可能从**天生的情结**出发,我决定表现出自己是**黑人**。既然其他人迟疑不决难以承认我,我只有一个解决办法了:让他们认识我。

让-保罗·萨特在《关于犹太人问题的思考》中写道:"他们(犹太人)听任他人用关于他们的某种感觉来毒害自己,并生活在惶惶不安之中,担心他们的行为与此不一致。因此我们可以说他们的行为永远是内心复因决定的。"

然而,犹太人可能在其贪婪方面不为人知。他并不完全是他的样子。人们希望着,等待着。他的行动举止决定了最后的手段。这是个白人,且除了几处相当可争议的特征外,他有时会被人忽视。他属于那些历来不知吃人肉的人的种族。吞食其父亲是多么可怕的想法啊！活该，只要不是黑人就好。当然，犹太人受侮辱，怎么说呢，他们被追捕、灭绝、放入炉内，但这是小小的家史。从犹太人被发现踪迹的时候起就不为人喜爱。但因为我，一切有了**新**面貌。我得不到任何机会，我是外面的复因决定的。我不是其他人对我的"观念"的奴隶，而是我的外在表现的奴隶。

我慢慢地到达世界，习惯于不再假装突然出现。我爬行前进。那些白人的目光，那些独一无二的正确者对我进行剖析。我被**锁定了**。他们调整好自己的切片机后，客观地将我的现实切片。我被出卖了。我感觉到，我在这些白人的目光中看出进入他们目中的不是一个新人，而是一个新型的人，一个新种类。总而言之，一个黑人！

我溜到角落里，我非常敏感地察觉到分布在事情表面的局部公理——黑人的内衣有黑人气味——黑人的牙齿是白的——黑人的脚大——黑人的胸部宽——我溜到角落里，我默默地待着，我渴望隐姓埋名，渴望忘却。噢，我一切都接受，但只要别人别再看见我！

"喂，过来，我把你介绍给我的黑人朋友……埃梅·塞泽尔，黑人，在某大学任教……玛丽安·安德森，最伟大的黑人歌星……去黑人化血清的发明者，科布博士，是个黑人……喂，向我的马提尼克岛朋友问好（注意，他非常敏感）……"

羞愧。对自己本人感到羞愧和蔑视。厌恶。当人们喜欢我时,人们说,“尽管你是黑人……”,当人家讨厌我时,人家就补充说这不是因为我的肤色……从这儿到那儿,我仿佛被困在地狱里。

我绕开这些远古时代的探究者并紧紧抓住我的弟兄们,跟我一样的黑人们。可怕,他们不接受我。他们差不多是白皮肤了。而且他们要娶个白人女性。他们会有略带棕色的孩子……谁知道呢,渐渐地,可能吧……

我做了梦。

“您想想看,先生,我是里昂对黑人最友善的人之一。”

事实明摆在那儿,不可逃避的。我的黑肤色摆在那儿,颜色很重,也无可置疑。这肤色折磨着我,紧追着我,使我忐忑不安,令我恼火。

黑人是些未开化的人、愚蠢之人、目不识丁之人。但是以我的情况来看,我知道,这些主张是错误的。有一个关于黑人的无稽之谈,我们必须不惜一切代价将其推翻。如今已不再是一个看到黑人神甫都要惊叹不已的时代了。我们有医生、教授、政治家……对,但在这些情况下,某种异常的事仍然存在。“我们有位塞内加尔历史教授。但他非常聪明……我们的医生是个黑人。但他很温柔。”

我是个黑人教授,黑人医生;我开始变得脆弱起来,稍微有点儿不对劲我就惊慌。比如说，我知道如果那位医生犯了错，他和跟随他的人都将完蛋。的确，对一个黑人医生期待什么呢？只要一切顺利，人们把他捧上天，但当心点，无论如何别干蠢事！黑人医生永远也不会知道他的地位同失去信任是何等的相近。我告诉你们，我被禁锢了：我的政治态度、我的文学知识、我对量子论的理解都无法替我求情。

我要求解释。人家像跟一个小孩说话那样轻柔地向我透露了某些人可接受的意见的存在，但人家补充道，“但我们也希望这现象很快就会消失”。什么意见？对肤色的偏见。

“对肤色的偏见不是什么别的，只不过是对一个种族的毫无道理的敌视，是强大和富有的民族蔑视那些他们认为比他们低下的人，然后是那些被迫受束缚并经常受到侮辱的人的强烈怨恨。由于肤色是种族的最容易分辨的外部特征，于是它变成了标准，人们在这个标准的角度下判断人，而不考虑此人的受教育所获得的知识和社会经验。浅肤色的人种开始看不起深肤色的人种，而后者拒绝继续长期地同意人们打算强加给他们，使他们退让的条件。”①

我看出来了。这是仇恨；我并不是被对面邻居或表兄，而是被整个种族仇恨、厌恶、蔑视。我成为某种莫名其妙的事情的目

---

① 阿兰·布恩爵士：《对种族和肤色的偏见》，第 14 页。

标。精神分析学家们说对于小孩子,没有什么比接触理性更使其受伤的了。我个人要说对于一个只有理智作为武器的人来说,没有什么比接触非理性更神经质的了。

我觉得自己身上长出几片刀。我决定自卫。我要以足智多谋者的身份使世界合理化,向白人指出他们错了。

让-保罗·萨特说,在犹太人身上,有"一种热衷于理智的帝国主义:因为他们不愿仅仅说服他们是正确的,他们的目的是说服他们的对话者,使其相信存在绝对和无条件的理性主义。犹太人把自己看作是全球的传教士;面对那将他们排除在外的天主教的普遍性,他们要建立理性的'天主教',作为达到正确性和人之间心灵纽带的工具"①。

作者补充说,如果有些犹太人使直觉成为他们哲学的主要范畴,他们的直觉"丝毫不像帕斯卡尔的思想那么敏感:而这种敏感,不容置疑和变幻不停的思想,是建立在许多不易觉察的感知的基础上的,它对于犹太人则是最凶恶的敌人。至于伯格森,他的哲学给人以一种反理智主义学说的奇怪面貌,这种学说完全是由最具推理性和批判性的智慧构建的。他通过论证,确定了纯粹的持续时间和哲学直觉的存在;而这种发现时间或生命的直觉本身是每人都能实行的,是普遍的,它针对一般概念,因

① 让-保罗·萨特:《关于犹太人问题的思考》,第146—147页。

为它的客体可以被指定和设想”①。

我热情地着手清查，探测周围亲近的人。随着时间的流逝，人们注意到天主教为奴隶制和各种歧视辩护，后来谴责它们。但人们通过把一切归并到人的尊严的概念上来打破偏见。科学家们经长久迟疑后，承认黑人也是人；在“体内”和“体外”，黑人已被证明和白人相似；同样的形态，同样的组织。理性在各方面都保证了胜利。我重新回到人群中。但我不得泄气。

胜利在玩猫鼠游戏；它嘲弄我。正如另一人所说，当我在那儿时，胜利就不在，胜利在时我不再在那儿了。在思想上，人们同意：黑人是个人。那些不太信服的人补充说，就是黑人的心脏像我们一样在左边。但白人在某些问题上始终是难对付的。他们无论如何不想要种族之间的亲近关系，因为人们知道，“不同的种族间的交配会降低体格和精神的水平……在我们更好地认识到种族交配的效果之前，我们最好避免相隔甚远的种族之间的交配”②。

至于我，我十分清楚如何抵制。在某种意义上，如果该由我来规定自己，我会说我等待；我询问周围，我从自己的发现出发阐释一切，我变成一个敏感的人。

---

① 让-保罗·萨特：《关于犹太人问题的思考》，第 149—150 页。

② J.-A.莫安（Moein），在第二届国际优生学大会上的发言，阿兰·布恩爵士援引。

在别人找我麻烦的初时，人们十分明显地打出吃人肉这张王牌，为了让我记住这事。人们在关于我的染色体上描述某些多少有点儿稠密的，代表同类相食的基因。除了性别链，人们还发现种族链。这种科学真是可耻！

但我了解这“心理机制”。因为大家都知道，这个机制只不过是心理上的。两个世纪以前，我对于人类来说就已经迷失了，我永远是奴隶，后来来了一些人宣布所有这一切只是历时太久了。我的顽强完成了其余的事；我从文明的泛滥洪水中得救。我前进了……

太晚了。一切都被预见，被发觉，被证实，被利用。我那神经质的双手什么也没带回；矿床已枯竭。太晚了！但我也要了解这方面。

自从某人抱怨来得太晚和大局已定起，似乎存在一种怀旧情结。这是不是奥托·朗克所说的原籍的失乐园？多少个似乎固定在那世界的子宫上的人，把他们毕生花在解读德尔斐的神谕上或努力找得尤利西斯的游历上！那些泛唯灵论者想证实动物有灵魂，运用了以下的论据：一条狗躺在它主人的墓上并饿死在那儿。雅内还想起指出上述那条狗与人相反，仅仅是不能摆脱过去而已。阿尔托说，人们谈论希腊的伟大；他补充说，但今天的人民之所以不再理解埃斯库罗斯的《献祭品的人》，是因为错在埃斯库罗斯。反犹太主义者是以传统的名义提高他们的

“观点”的价值。有人以传统,这一悠久的历史,这一帕斯卡尔和笛卡儿的血统亲族关系的名义对犹太人说：你们在共同体中不可能找到属于你们的位置。最近,这些好心的法国人中的一位在我坐的一列火车上公开说道：

“但愿那些真正的法国品德继续存在下去,这样种族才能得救！目前必须实现民族团结。不再内讧！要一致面对外国人(并转向我那个角落),不管他们是什么样的外国人。”

要为他辩护的话,必须说他发出强烈的红葡萄酒气味;如果可以的话,他会说我那被解放的奴隶的血液不能以维庸①或泰纳②的名义发狂。

羞耻!

犹太人和我：因为不满意将自己种族化,凭着运气,我变得通人情。我和不幸的犹太兄弟们联合在一起。

羞耻!

一开始,反犹主义的态度和敌视黑人的态度近似,这可能令人惊讶。是我那安的列斯群岛籍的哲学老师,他有一天向我提起:“当您听到有人说犹太人的坏话时,您竖起耳朵仔细听,结果说的是您。”我认为他百分之百有道理,这意味着我完完全全对我的兄弟的命运负责。从此,我懂得他只是想说：一个反犹

① 维庸(1431—约1463),法国诗人。——译注
② 泰纳(1828—1893),法国评论家,哲学家和历史学家。——译注

主义者必然是敌视黑人者。

你们到得太晚了，实在太晚了。在你们和我们之间将始终有一个世界——白人的世界……这不可能让对方一劳永逸地消除往昔。人们理解我面对白人的这种感情迟钝，我本可以发出我那黑人的呼声。渐渐地我到处伸出伪足，隐藏了一个种族。而这个种族在一基本要素的重压下蹒跚前行。这个要素是什么？**节奏**！听听我们的诗人桑戈尔：

"这是最可感觉到和最不具体的东西。这尤其是生命的要素；它是艺术的首要条件和标志，就像生命的气息；这气息时而急促，时而减慢，时而根据存在的紧张程度、情绪的质量变得有规律或是发生咳喘。原本纯粹的节奏是这样的。它在黑人艺术的杰作中，特别在雕塑中是这样的。它由一个主题——雕塑的形状——形成，这主题同一个一模一样的主题如叹气和呼气那样形成对比，且周而复始。这不是那单调的对称；节奏是生动的，自由的……节奏就这样专制地影响智力不发达的我们，为了使我们深入到客体的灵性中去；而我们的这种放任自流的态度本身就是有节奏的。"①

我有没有好好读过？我读了又读。从白人世界的另一边，一个美妙的黑人文化在招呼我。黑人的雕塑！我开始因骄傲而

---

① 《黑人所带来的》，载《有色人种》，第309—310页。

脸红，救赎就在那里吗？

我使世界合理化，而世界以肤色偏见的名义摈弃了我。既然在理性方面不可能意见一致，那我就投向非理性。因为白人比我更无理，我由于需要理由，采取倒退的手段，但这毕竟是陌生的武器；我在这儿，自己的家乡，我是由不合理构成的；我陷入不合理的困境。我完完全全就是不合理的。现在，我的声音在发抖！

那些没有发明火药和指南针的人
那些从不知道驾驭蒸汽和电的人
那些没有探索过大海和宇宙的人
但他们知道苦难家园的每一处最低等隐蔽角落
那些除了背井离乡没有经历过旅游的人
那些顺从地跪着的人
那些被别人奴役和被迫信奉基督教的人
那些沾染恶习而变坏的人……

对，所有那些人都是我的兄弟——一种苦涩的“兄弟情”这样地把我们紧紧抓住——我在肯定那次要主题之后，从船上呼唤起另一件事。

……但那些人，如果没有他们，土地就不会是地球

比荒地更加有用的隆起之地
尤其因为荒地上更多的是地窖
那儿土地不再有土
它保持下去和逐渐成熟
我的黑人血统并不是石头一块，
它虽重听却反对白天的喧哗
我的黑人血统并不是一叶障目
我的黑人血统既不是座塔
也不是座大教堂
它隐没在土地那红色的肌肤中
它隐没在天空那炽热的肌肤中
它以正当的耐心突破重重的煎熬。[1]

哎呀！鼓声含糊不清地传达宇宙的消息。只有黑人能转达它，了解其意义和范围。我骑在世界背上，两只强劲有力的脚后跟贴着世界的两侧，使得世界的外表闪光发亮，如同祭司使祭品的两眼中间发光。

但他们沉醉于一切事物的本质，被深深吸引，不知

① 埃梅·塞泽尔：《回乡笔记》，第77—78页。

道表面，却被一切事物的运动利用

不在意征服但却玩世界游戏
是世界的真正的长子
是世界所有呼吸的出气细孔
世界所有呼吸的亲如手足般的友善空地
世界所有河流的河床
世界的圣火火花
因世界运动本身而颤动的世界肌肤之肌肤！①

血统！种族……出身！眼花缭乱的变化！四分之三的人在白天的目瞪口呆中受伤，我感到自己愤怒得涨红了脸。世界的动脉被搞乱、被撕裂、被连根拔除了，它们转向我并使我受精。

血统！种族！我们整个种族被太阳的雄性心灵所感动。②

牺牲充当了创世和我之间的中词——我不再找到出生地，

① 埃梅·塞泽尔：《回乡笔记》，第78页。
② 同上书，第79页。

但发现了血统。然而我必须怀疑节奏,怀疑故土的友谊,这种神秘的、肉欲的、群体的和宇宙的婚姻。

在《黑非洲的性生活》这部富有见解的作品中,德·佩德拉尔(De Pédrals)透露在非洲,不管是什么样受重视的领域,总是有某种巫术社会结构。他补充说:"所有这些要素正是人们在更大规模的秘密社会的领域里能重新发现的要素。此外,因为在青春期受过割礼者、被切除阴蒂者不应向不被接受参加秘密社团者泄露他们所遭到的事,违者处死,因为在参加一秘密社团总是要求出于'神圣的爱'的行为,考虑到割礼和其他仪式都被视为小型宗教团体的构成部分,我们应当将其废除。"①

我走在白蓟上。瀑布威胁着我火热的生命。面对这些宗教仪式,我加倍小心。黑人的巫术！酒神女祭司的歌舞、巫魔夜会、异教徒的仪式、护身符。性交是祈求兄弟姐妹诸神保佑的时机。这是个神圣、纯洁、十全十美的行为,促进不可见力量的介入。我对于所有这些表现,所有这些加入秘密社团的仪式,所有这些活动有什么想法？它们从各处都使我想起了诲淫的舞蹈和暗示。我跟前仿佛响起了一首歌:

以前我们的心十分炽热

① 德·佩德拉尔:《黑非洲的性生活》,第83页。

现在我们的心是冰凉
我们除了爱就什么也不再想了
回到村里
当我们撞见粗大的男性生殖器
啊！让我们来畅快做爱
因为我们的性器官干燥又干净。①

土地，刚才还是被制伏的骏马，现在开始戏耍起来。这些求偶狂是不是处女？黑人的巫术、原始的精神面貌、万物有灵论、动物性色情，这一切都向我涌来。这一切成为没有跟上人类发展的民族的特点。如果愿意，可以说这就是人类的退化。我犹豫好久之后才情愿使自己沦落至此。星星变得有侵略性。我必须做选择。我在说什么呀，我没有选择余地……

对，我们（黑人）是落后的、单纯的、表现自由的。这是因为我们认为身体与你们所称的精神并不对立。我们在世界中。人与大地的关系万岁！此外，我们的文人帮我说服了你们；你们白人的文明忽视了珍贵的财富——敏感性。你们听着：

“感情上的敏感性，**黑人代表感情犹如希腊人代表理智**。”

① 韦尔西亚：《乌班吉河的秘密宗教仪式》，113 页。

所有的风使水起波纹吗？风刮倒露天的生灵，于是果子经常在风里未熟先掉吗？对，在某种意义上，今天的黑人**更富于天赋，而不是富有作品**。但大树扎根于土地。江河流入深处，顺流冲走珍贵的闪光鳞片。非裔美国诗人朗格斯通·于盖斯唱道：

> 我认得一些江河，
> 古老而阴郁的江河
> 我的内心变得深沉
> 如同深沉的江河一般。

> 另一方面，黑人激动和敏感的性质本身说明他面对客体的态度，他带着必不可少的暴力去理解客体。这是一种变为需要的放弃，是相融洽的，甚至是认同的积极态度，只要影响稍微强一些，我就能说出客体的个性。有节奏的态度，大家牢记这个词。[1]

黑人恢复名誉了，“站着掌舵了”，黑人支配自己的直观世界，他被重新寻回、归纳、要求、接纳，然而这是个黑人，并非一点也不是个黑人，但却是个黑人，他立在世界的前台，向世界的众

① 桑戈尔：《黑人带来的东西》，第295页。

多触角发出警报，他以其诗的威力沐浴世界，“他以众多的细孔面对世界的所有气息”。我娶了世界！我是世界！白人从未明白这种不可思议的替代。白人想要世界；他们单单是为了自己。他们发现自己命中注定是世界的主人。他们控制世界。他们在世界和他们之间建立起一种从属关系。但存在一些只适应我的方式的社会准则。我借助魔法，从白人那里偷取了他们和他们的家人早已失去的“某个世界”。那天，白人在回家时感到一种不能辨别的精神打击，他们是如此不习惯这些反应。因为在土地和香蕉树或者橡胶树的客观世界上面，我巧妙地建立了真正的世界。世界的实质是我的利益。世界和我之间产生了一种共存关系。我又找到了原始的统一。我那“响亮的掌声”吞噬世界的歇斯底里叫声。白人痛苦地感觉到我逃离了他们，且我随身带走了某些东西。他们搜我的口袋。最不显山露水地探测我那些拐弯抹角的话。到处是已知事物。然而，显然我拥有一个秘密。他们询问我；我神秘地转过头去，喃喃道：

> 托科瓦利，我的叔叔，你记得从前的夜晚吗
> 当我的脑袋紧压在你那有耐心的背上
> 或者你牵着我的手引导我通过黑暗和征兆
> 田野里萤火虫花团锦簇，星星落脚在草上、地上
> 四周万籁俱寂

只有荆棘丛的芬芳，橙红色的蜂群嗡嗡作响
它们控制着蟋蟀那纤弱的颤动，
以及那闷闷的鼓声，夜里远处的呼吸
托科瓦利，你听那难以听见的声音，
你给我解释祖先们在宁静的人才荟萃的大
海中说些什么，
公牛、蝎子、豹子、大象和常见的鱼，
才智的乳汁泵通过鞣料树皮汩汩不断
这是月亮女神的智慧和从黑暗中掉下的星星。
非洲的夜晚，我黑人的夜晚，神秘又清澈，
阴郁又辉煌。①

我成为世界的诗人。白人发现一首没有任何诗意的诗。白人的灵魂已经腐朽，正如一位在美国教书的朋友对我说的："面对着白人的黑人可以说构成了人道的保证。当白人觉得自己太像机器一样死板时，他们就转向有色人种并向他们要一点人性的养料。"我终于被承认了，我不再是个废物了。

我的幻想想必很快就破灭了。白人愣了一下，对我阐述道，根据遗传学的观点，我代表一个阶段："你们的长处被我们吸取

---

① 桑戈尔：《亡灵歌》，1945 年。

尽了。我们掌握了一些土地的神秘主义，而你们永远也不会知道这些。关心一下我们的历史吧，你们就会明白这一融合达到何种地步了。”我当时感到我在重复一个循环。我的独创性被从我那儿强行夺走了。我哭了很久，然后我又开始生活。但一套使人软弱无力的公式困扰着我：黑人那**特殊的**气味……黑人那**特殊的**纯朴……黑人那**特殊的**天真幼稚……

我试图逃离这帮人，但白人们抓住了我并割断了我的左腿跟腱。我重视了自己本质的极限；肯定是相当浅薄。这是我最非凡的发现。确切地说，这个发现是一种重新发现。

我头晕目眩地搜索黑人的历史。我从中发现的东西让我激动得喘不过气来。舍尔歇在其《废除奴隶制》一书中，给我们带来不容置疑的论据。从此弗罗贝尼斯①、韦斯特曼（Westermann）、德拉福斯（Delafosse），他们都是白人，齐声赞同：塞古、杰内是人口超过十万的城市。人们谈论黑人博士们（到麦加去讨论《可兰经》的神学博士们）。所有这些被挖掘、陈列的东西，放在通风地方的内脏，使我重新发现一批有价值的历史类别。白人搞错了，我不是个原始人，更不是个不完整的人，我属于一个人种，这个人种在两千年前，就已经加工金和银了。而且，有另一件事，另一件白人无法懂得的事。听着！

① 弗罗贝尼斯（1873—1938），德国人种学家，发现黑非洲艺术的先驱。——译注

这些人究竟是什么人？在几个世纪中,一种未被克服的野蛮就这样把他们从他们的故乡、上帝和家庭那里夺走。

这是些温良恭谦、彬彬有礼的人,他们肯定比他们的刽子手优越——这帮为了更加大肆掠夺而破坏、侵犯、侮辱非洲的冒险家。

他们知道建立家园,管理王国,建造城市,种地,熔化矿石,织棉布,锻铁。

他们的宗教是美好的,由跟城市的奠基者的神秘接触所形成。他们那令人愉快的风俗建立在团结、仁慈、敬老的基础上。

没有任何的强制,有的只是互相帮助,快乐生活,自觉遵守纪律。

秩序——激烈——诗歌和自由。

从无忧无虑的个人到几乎是传说性的首领,他们形成了一条不断的理解和信任的锁链。没有科学吗？当然,但他们有使其免于害怕的,伟大的神话、传说,在神话、传说中最细腻的观察和最大胆的想象互相均衡和互为依据。没有艺术吗？他们有自己那宏伟的雕像,在那里人的感情从未如此粗暴地爆发,而是根据萦绕在心头的节奏规律来捕捉和重新分配他们宇宙中最

神秘的力量……[1]

……在非洲的内部有宏伟的建筑物吗？有学校吗？有医院吗？没有一个20世纪的资产阶级，没有一个迪朗、一个史密施或布朗猜想在欧洲人到来之前非洲是否存在这些东西……

但舍尔歇根据卡耶[2]、莫利昂(Mollien)、康德尔兄弟(les frères Cander)的资料，指出这些东西确实存在。如果说他仅仅指出在1498年葡萄牙人下船抵达刚果岸边时，他们发现一个富庶和繁荣的国家以及在安巴斯的宫廷里大人物们穿着绸缎的事，那么他至少知道非洲已经有了将自己称为国家的司法意识，并且他猜想，哪怕在帝国主义的鼎盛时期，欧洲文明也不过是众多文明之一——而且并不是最温和的文明。[3]

我把白人放回原位；我胆子变大了，顶撞他们并毫不客气地责备他们：你们得将就我，我不将就任何人。我尽情地冷笑。看得出来，白人低声埋怨。他们的反应时间无限期地延长……我赢了。我狂喜不已。

---

① 维克多·舍尔歇：《奴隶制和殖民化》，埃梅·塞泽尔所写的引言，第7页。
② 卡耶(1799—1838)，法国旅行者，为第一个进入非洲 Tombonctou 的欧洲人，原文为 Caillé，疑是印刷错。——译注
③ 舍歇尔：《奴隶制和殖民化》，塞泽尔所写的引言，第8页。

放弃你们的历史吧,放弃你们对过去的研究并试着置身于我们的节奏吧。在像我们的那样一个极其工业化的、科学化的社会里,不再有你们感性的地方。为了被接纳在此生存就必须心肠硬。问题不再是玩世界的游戏了,而是以积分和原子的举动奴役世界。有人时不时地对我说:"当然如果我们厌倦我们的高楼生活,我们会走向你们那里,如同走向我们的孩子那样……完整无损的……惊讶的……自发的。我们走向你们的那种状况就如走向世界的童年时代。你们在生活中是如此真实,就是说那么地爱开玩笑。让我们把我们那讲究客套和礼貌的文明抛弃一段时间吧,并关心这些脑袋,这些令人爱慕地富于表情的脸。在某种意义上,你们使得我们跟我们自己言归于好。"

就这样,人们以理性反对我的非理性,以"真正的理性"反对我的理性。我每次都扮演输家。我检验我的遗传性。我全面地总结自己的病。我要成为典型的黑人——这不再可能了。我要成为白人——最好付之一笑。而当我试图在思想和脑力活动方面索要我那黑人的气质时,他们将其夺走。他们向我表明我的尝试只不过是辩证法中的一个用语:

但是有更为严重的：我们曾经说过，黑人给自己制造了一个反种族主义的种族主义。他毫不希望主宰世界：他想取消那些来自种族的种族特权；他表明自己和一切有色人种站在一起。**黑色人种的气质**的主观的、存在的、种族的概念一下子“变成了”——正如黑格尔所说——无产阶段的客观、积极、准确的概念。桑戈尔说：“塞泽尔认为‘白人’象征资本，如同黑人象征劳动那样……通过黑皮肤种族的人，他歌颂的是世界无产阶级的斗争。”

说起来容易，思考起来难。而且，最热情歌颂黑色人种气质的人同时是些马克思主义战士，这大概并非偶然。

但尽管如此，种族的概念还是同阶级的概念相交叉：种族概念是具体和特殊的，阶级概念是普遍和抽象的；一个突出雅斯佩尔称为理解力的东西，而另一个突出智力；前者是心理生物学说，而另一个则是从经验出发的方法结构。事实上，黑色人种气质显现时，辩证法的发展正处于衰弱时期：在理论上和实践上肯定白人的霸权是正题；黑色人种气质的地位作为反命题的价值，是消极性的时刻。但由于这个消极时刻本身并不充分，利用它的黑人们十分清楚这点；他们知道这个的目的是在一个没有种族的社会中为人类的综合或实

> 现做准备。因此黑色人种的气质是为了自我摧毁，它是过渡而不是结果，是手段而不是最终目的。①

当我读这一页时，我感觉有人抢走了我最后的运气。我对我的朋友们宣布说："黑人诗人的年轻一代刚受到一次不可宽恕的打击。"有人求助于一个有色种族的朋友，而除了让这位朋友表明他们行为的相对性外，他没有找到什么更好的东西。有一次，这个先天的黑格尔信徒忘了意识需要陷入绝对的无知中，这是达到自我意识的唯一条件。他提及消极方面来反对理性主义，但却忘记这个消极性来自几乎实质性的绝对性。在经验中投入的意识忽略了，也必须忽略其存在的本质和决定。

《黑人俄耳甫斯》是黑人的**生存**理智化的一个标志。而萨特的错误在于不仅想找到源泉之源泉，而且还想汲干这源泉：

> 诗歌的源泉会枯竭吗？抑或不管怎样那黑色河流会赋予它所流入的大海色彩吗？没有关系：每个时期有它的诗歌；每个时期历史环境选择一个民族、一个种族、一个阶级重新举起火炬，创造形势，这些形势只有通过诗歌来表示或超越；时而诗意冲动和革命冲动相

① 萨特：《黑色俄耳甫斯》，载《黑人和马达加斯加诗歌选》的前言，第 XL 页及下一页。

> 吻合，但时而它们却又分道扬镳。今天让我们欢迎那使黑人能够“如此强硬地发出黑人的疾呼声以至于全世界人民都会被震撼”的历史机遇吧（塞泽尔）。[①]

就是这样，不是我给自己创造一个见解，而是见解摆在那儿，预先存在着，在等着我。并非由于我这低劣黑人的苦难，我这低劣黑人的牙齿，我这低劣黑人的饥饿，我才制作一个火炬，往里放火种，以便点燃这世界，而是这火炬摆在那儿，等待着这一历史机遇。

拿意识来说，黑人的意识赋予自己绝对的密度，充满着自我，预先存在于任何缝隙之中，却由于欲望而千疮百孔，任其废除。让-保罗·萨特在这个研究中摧毁了黑人的热情。需要用不可预测性来对比历史的变化。我需要绝对地陷入黑色人种的气质中。可能有朝一日，在这不幸的浪漫主义内部……

无论如何我**需要**无知。这种斗争，这种再下降想必具有完美的面貌。没有什么比这句话更令人不愉快的了：“我的孩子，你会变的；我在年轻时，我也……你等着瞧，一切都会过去的。”

辩证法为我自由的支撑点带来了必要性，却又将我从自身驱逐出去。这个需要打破了我那轻率的见解。始终以意识而

① 萨特：《黑色俄耳甫斯》，载《黑人和马达加斯加诗歌选》的前言，XLIV 页。

言,黑人的意识是内在的。我不是某个东西的潜在性,我完全是我自己。我不需要追求普遍性。在我的内部任何可能性都不存在。我这黑人的意识并不会缺席。它**存在**。它附着在自身上。

有人对我们说,但在我们的表明中有对历史过程的不理解。那么你们听着:

非洲,我保留了你的记忆,非洲
你在我的身上
如同伤口中的肉刺
如同村中的守护神
使我成为你的投石器吧
我的嘴成为舔你创口的唇
我的膝盖成为你倒下时粉碎的柱子
然而
我愿只属于你的种族
所有各国的工人和农民……
……底特律的白人工人亚拉巴马州的黑人短工
无数的资本主义苦工族
命运迫使我们肩并着肩
并否认古代血统禁条的巫术

我们藐视孤独感的残余
假如湍流是边界
我们就从沟壑拔去它源源不竭的头发
假如山脉是边界
我们就粉碎火山的下巴
确认山脉
和平原将是曙光下的广场
在那里集结我们的力量
它被我们主子的诡计搅得四分五裂
如同五官的矛盾
化为脸庞的和谐
我们主张全球的所有民族
统一受苦和统一造反
我们在偶像的尘埃中
搅拌兄弟时期的研钵。①

我们要回答说，正好，黑人的感受是模糊的，因为不是有**一个**黑人，却是有**一些**黑人。例如，这同下面这首诗有多大的差别呢：

① 雅克·鲁曼：《前奏曲》，载《乌木》。

白人杀害了我父亲
因为我父亲很自傲
白人强暴了我母亲
因为我母亲长得美
白人让我的哥哥跪在路边的烈日下
因为我哥哥身强力壮
然后白人把他那沾满鲜血的双手
转向了我
并用他那主子的口气
当我面吐出轻蔑的语言
“喂，小孩！一条牧羊犬、一条毛巾、水！”①

而这另一首诗：

我那伶牙俐齿的哥哥
满嘴虚伪的恭维话
我那架着金丝边眼镜的哥哥
主子的话使你的眼睛变成蓝色
我那穿着丝绸翻领无尾常礼服的哥哥

① 大卫·迪奥普：《殉难时代》，载《诗三首》。

在那些“优越感”的沙龙里
乱嚷嚷、窃窃私语、自吹自擂
你令我们感到怜悯
你家乡的太阳
在你文明人那安详的脸上
只不过是个阴影
而你祖母的小茅屋
使一张因屈辱和认罪的岁月
而变白的脸赧颜
但当听够了响亮的空话
它们如同架在你肩上的大鼓
你会践踏非洲那苦涩的红土地
于是这些使人焦虑不安的话
将使你那不安于现状的步伐有节律
我感到自己在这里如此孤单，如此孤单！①

不时地，人们想停下来。表达真实是艰难的事。但当人们想到要表达存在时，却有可能只遇到不存在。肯定的是在我试图捕获自己的内心时，萨特，仍然作为一个他者，在叫出我名字

① 大卫·迪奥普：《叛徒》。

的同时,除掉我的一切幻想。于是我对他说:

我的黑人血统既不是座塔,
也不是座大教堂,
它隐没在土地那红色的肌肤中,
它隐没在天空那炽热的肌肤中,
它以它正当的耐心突破黑暗的煎熬……

当我处于经历和愤怒情绪的最高点来声明这一点时,他却提醒我说我的黑人性只是个弱拍。的确,我告诉你们,确实我的肩膀从世界的结构上滑下,我的双脚不再感到土地的爱抚。没有黑人的往昔,就没有黑人的未来,我不可能作为一个黑人存在。还没有变白,却不再是真正的黑人,我是个被诅咒的人。让-保罗·萨特忘了黑人在其身体上的痛苦与白人不同。[①] 在白人和我之间,有一种无法挽回的超验性关系。[②]

但人们忘了我的爱的坚实性。我认定自己是绝对趋向开放的。于是我采取这种黑人性。并含着眼泪恢复这种性格的机制。经我的双手粉碎的东西——凭直觉行事的藤蔓——重新建

① 如果说萨特对于存在的研究仍然是正确的(我们提醒在《存在与虚无》描述精神错乱的意识的范围内),对黑人的意识实施这些研究则被证实是错的。因为白人不仅是他者,更是主子,真实的或想象的主子。

② 在让·瓦尔(Jean Wahl)所理解的意义上,参见《人类存在和超验性》,存在和思想。

立了。

我叫嚷得更厉害了：我是个黑人，我是个黑人，我是个黑人……

而过分地感受自己的神经官能症的是我可怜的哥哥，且他发现自己瘫痪了：

黑人：夫人，我不能。

莉齐：什么？

黑人：我不能向白人开枪。

莉齐：的确！他们会感到为难的！

黑人：夫人，他们是白人。

莉齐：那又怎么样？因为他们是白人，他们就有权把你像头猪那样放血吗？

黑人：他们是白人。

是自卑感？不，是不存在之感。罪恶是黑人的，而美德是白人的。所有这些白人手握手枪聚在一起，也不可能有错。我才是有罪的。我不知道犯了什么罪，但我感到我是个坏蛋。

黑人：事情就像这样，夫人，跟白人在一起事情始终就是如此。

莉齐:你也觉得自己有罪?

黑人:对,夫人。[1]

是比格·托马斯害怕了,他十分害怕。他害怕,但怕什么呢?怕他自己。人家还不知道他是谁,但他知道当人们知道时害怕将笼罩着世界。而如果世界知道了,世界总是要黑人做某些事情。他害怕世界知道,如果世界知道,他这害怕将成为世界的害怕。如同这个老太太,她跪着恳求我们把她捆在床上:

"大夫,我随时觉得这件事攫住了我。"

"什么事?"

"想自杀。把我捆起来,我害怕了。"

最后,比格·托马斯行动了。为了结束紧张,他行动了,他回应了世界的期待。[2]

这是《如果他叫喊,那就让他叫吧》中的主人公——他正好干了他不愿干的事。这个金发胖女人随时阻挠他,她弱不禁风,性感,爱奉献,坦率,害怕(希望)被强奸,最后成了他的情妇。

黑人是白人手中的玩具;于是,为了打破这可怕的循环,他

① 萨特:《可尊敬的妓女》;也见:《我是个黑人》、《勇士之家》(马克·罗伯逊的电影)。
② 理查德·赖特:《土生子》。

爆发了。只要去电影院就必然会遇到我。我期待着。在中间休息时，在银幕前，我期待着。我面前的人们看着我，窥伺着我，等着我。一个黑人青年侍者要出现了。心上人使我神魂颠倒。

太平洋战争中的伤残者对我的哥哥说："你要适应你的肤色，就像我适应我的残肢那样。我们两个人都是事故受害者。"①

然而，从我整个内心中，我拒绝这种截肢。我感到自己的心胸和世界一样宽广，真正地同最深的河一样深，我胸中有股无限扩展的力量。我同样拥有天分，而人家却劝我要像残疾人般卑微……昨天，在我睁眼看世界时，我见到天空从这边到另一边逐渐泛白。我想起来，但寂静被掏空了内脏，麻痹了翅膀，它向我涌来。我无须对自己的行为负责，骑跨在"虚无"和"无限"之间，我哭起来了。

---

① 《我是个黑人》。

第六章　黑人和精神病理学

精神分析学派曾研究在某些社会环境、某些文明领域中产生的神经症的反应。为了符合辩证法的要求，人们势必要思忖在什么样的范围内，弗洛伊德或阿德莱的结论能试着用来说明有色人种的世界观。

对于精神分析，人们再怎么强调也不为过，它试图理解某些特定的行为——在以家庭为代表的特殊群体中。如果涉及一个成年人所经历的神经症时，分析师的任务则是在新的精神结构中重新找到与某些幼儿期因素类似的因素，家庭内部一堆冲突的一种重复、一个复制品。在所有情况下，人们努力把家庭看作是“精神的对象和环境”。[①]

然而，这里，现象将非常复杂。在欧洲，家庭的确代表着将世界呈现给孩子的某种方式。家庭结构和国家结构保持着紧密的关系。一个国家的军事化和权力集中化自动地导致父母的权

① 拉康：《情结，家族心理学的具体因素》，载《法兰西百科全书》，8—40—5。

力的增加。在欧洲和所有的所谓有教养的或文明者的国家中，家庭是国家的一部分。走出父母亲的环境的孩子又发现同样的法律、同样的原则、同样的价值。一个在正常家庭长大的正常孩子将是个正常的大人。[①] 在家庭生活和国家生活之间没有不相称之处。相反，如果人们认为一个国家是封闭的，即曾经抵御了先进文明的传入，那么就重新找到上面所描述的结构。例如，R. P. 特里勒（Trilles）的《非洲俾格米人的内心》以事实使我们信服；人们从中随时感到需要使俾格米人的心灵天主教化，但从中发现的文化描述——文化的模式、宗教仪式的持久、神话传说的继续存在——并不给人以“班图人哲学”的人为印象。

在任何一种情况下，家庭环境的特征都会投影在社会环境上。确实，小偷或强盗的孩子习惯于某种小集团的法律，看到世界上其余的人表现不同会感到十分惊讶，但新的教育——除非反常或迟钝（厄伊埃）[②]——可能会引导他们提高自己的道德观点，使其社会化。

在所有这些情况下，人们发觉病因在家庭环境中。“国家

① 我们要相信最后一句话不会受到审判。怀疑论者很容易问：“什么是正常？”目前，我们无意回答这个问题。为了解决最紧迫的问题，让我们引用康基尔汉的非常翔实的工作，尽管他只关注生物学层面上的问题，即正常的或病理方面的。让我们补充一点，在心理领域，询问、呼吁和恳求的人都是不正常的。

② 虽然这种保留本身是有争议的。例如，参见朱丽叶·布托尼埃小姐的来文：这种变态难道不也是一种极度的情感迟钝吗？这种迟钝是由孩子曾经的生活条件造成的，或者至少也是由于体质上的健康状况。它显然是个原因，但并不是唯一的原因。

权力对于个人来说，是家庭权力的再现，他在童年时由这种权力塑造而成。个人会把以后碰到的权力同父母亲的权力做类比：他根据过去来领会现在。就像所有其他的人类行为那样，面对权力的行为被学会了。这种行为在家庭内部被学会了，可以通过其特定的组织加以区分，即通过权力的分配和行使方式。①

然而，我们看到有色人种家里的情况却相反，这一点十分重要。一个正常的黑人孩子，曾在一个正常的家庭里长大，稍微和白人世界接触就会立刻变得不正常。有人不会立即明白这句话的。因此我们要往回看。弗洛伊德在给予布勒尔博士正确的评价时写道："几乎在每一种情况下，我们注意到症状可以说像是情感经历的残渣，为此，我们后来把这情感经历叫作精神创伤。症状的特性与引起症状的创伤场面的性质相同。按照公认的说法，症状由一些'场景'决定的，它把这些'场景'形成记忆的残渣，这就不再需要从这些症状中去看神经症那任意的、捉摸不透的结果了。然而，与人们预期的相反，症状并不总是起因于单一的事件，而是大部分时间来自许多相似和重复的创伤，因此我们有必要按照时间顺序重现整个致病记忆链，但次序颠倒，最后的在前，最早的在后；我们不可能一直深入到最初的创伤，跳过中间阶段，通常是最有效的。"

① 诺阿辛·马居斯：《家庭结构和政治行为在家庭和国家中的权力》，载《法国精神分析杂志》，1949年4—6月。

人们已经再肯定不过了;在神经症的初期,有确定的Erlebnis(体验)。弗洛伊德更进一步补充说:"的确,病人把这创伤从他们的意识和记忆中驱逐了出去,表面上为他们免除了大量的痛苦,但抑制本能的愿望继续存在于无意识中;它伺机显现,重新出现在人们的视野中,但伪装得让人无法辨认;换句话说,抑制本能的想法在意识中为另一个充当其代用品的想法所替代,而所有苦恼的印象都依附在这个想法上,人们认为这些印象由于抑制而被排除了。"这些"体验"被抑制在无意识中。

在黑人的身上,我们又看到了什么?除非运用荣格的"集体无意识"这一令人眩晕的论据——它对我们造成了如此大的影响——否则我们绝对什么都不懂。在被殖民的国家中,悲剧每天都在上演。例如,如何解释一个高中毕业的黑人到巴黎大学攻读哲学学士学位,在他周围的一切冲突组织起来之前,他就已经有所戒备?勒内·梅尼尔用黑格尔的理论解读了这种反应。他使这反应成为"奴隶意识中建立的结果,代替被压抑的'非洲'精神,是白人主子的权威代表,一个建立在集体深处的权威,必须使其对集体进行监督,就像驻军监视攻下的城池"。①

在我们关于黑格尔的一章里,我们会看到勒内·梅尼尔没有弄错。然而,我们有权问自己:当黑人已经可以完全融入白

① 借用米歇尔·莱里的援引,参见《马提尼克岛—瓜德罗普岛—海地》,载《现代》,1950年2月。

人社会时,如何解释在20世纪时这种反应持续存在着?通常,非正常化的黑人从未与白人联系过。是不是他们的无意识中有旧经验和压抑?黑人小孩是否见到过他父亲受白人的拷打和虐待?是否有过实际的创伤?我们对这一切的回答是:不,那又怎样?

如果我们想正确地回答,我们不得不求助于"集体宣泄"概念。在一切社会,一切集体中,存在着,也应该存在着一个渠道,一扇出去的门,通过这渠道和门,积攒的能量能够以暴力的形式释放。这就是儿童教育中的游戏,集体治疗中的心理剧,以及为青少年出版的更为普及的图画周刊所力求的,——每一种社会都自然地要求一种确定形式的宣泄途径。人猿泰山、十二岁的探险家,米老鼠的故事,以及所有的画报,趋向于真正的集体暴力的压抑。这是些由白人为白人小孩写的报纸。然而,悲剧就在这里。在安的列斯群岛,当地年轻人贪婪地阅读着同样的画刊,且我们完全有理由认为其他殖民地的状况是相似的。而狼、魔鬼、凶神、邪恶、野人总是代表黑人或印第安人,并如同始终与征服者等同起来那样,那黑人孩子变成探险者、冒险家、传教士,他同白人小孩一样容易"有被那些凶恶的黑人吃掉的危险"。别人会对我们说这不重要;但这是因为他们丝毫不会考虑这些画刊的作用。下面是莱格曼(Legman)对这的看法:"除了很少的例外,每个在1938年时六岁大的美国孩子到现在最少看过了一万八千个残忍拷打和血腥暴力的场面……美国人是除了布尔人外，有史以来唯一把当地居民从他们安家落户的土地上扫除出去的现代民族。[①] 那么只有美国可能有要平息的民族内疚，它虚构了'Bad Injun'（印第安坏人）[②]的神话，为了以后能够再介绍可尊敬的红皮肤人的历史形象，这些人未能成功地保卫自己的土地，反对以《圣经》和枪支为武器的侵略者；我们应得的惩罚只能通过否认对坏事负责，把指责转嫁给受害者来转移；证明——至少在我们看来——我们首先和只此一次的出击，纯粹是合法的自卫行动……"作者考虑到这些画刊对美国文化的影响，还写道："这个问题依然是值得讨论的：这种对暴力和死亡的疯狂固执是否可以成为被审查的性行为的替代品呢，或者说这种固执能否将孩子和成人在面对社会和经济结构时产生的暴力欲望成功引导到由审查性行为让出的自由道路上，这种欲望，在他们自己同意的情况下，使他们变得变态。在这两种情况下，变态的原因是主要的，不管它是性欲范畴还是经济范畴的；只要我们不能理解这些压抑的根本原因，一切针对诸如'连环漫画书'的简单逃避行为的攻击依然是毫无意义的。"[③]

在安的列斯群岛，那个黑人青年在校内不停地重复"我们

① 顺便指出加勒比人遭受来自西班牙和法国的冒险家的同样的命运。
② "Bad Indian"（印第安坏人）的贬义歪曲。
③ G.莱格曼：《连环漫画的心理病理学》，罗比伊奥（Robillot）译，载《现代》，第43期，第916页及下页。

的父辈们,高卢人"[①],他们与开发者、传播文化者同化,与给非洲野蛮人带来真理的白人同化,与白色的真理同化。对白人有认同感,就是说黑人青年主观上采取白人的态度。他承担起这些白人英雄的侵略性,在他们这个年龄段,这种侵略性与利他主义密切相关;一种带有虐待狂性质的利他主义。哪怕是一个八岁的孩子,送些东西给一个大人,他都无法容忍被拒绝。渐渐地,在这安的列斯青年人身上形成和表现出了一种态度,一种属于白人的想问题和看问题的习惯。在校内,当安的列斯人有时读到一些白人作品中的未开化的人的故事时,他们总是想到塞内加尔人。读小学时,我们就野蛮的塞内加尔人的所谓的习俗讨论了整整几小时,在我们的谈话中有一种最不反常的无意识。但这是因为安的列斯人不认为自己是黑人;他认为自己是安的列斯人。黑人在非洲生活。安的列斯人在主观上、在理智上都认为自己是白人。然而,他们是黑人。一旦在欧洲,安的列斯人就意识到了这一点,且当有人谈论黑人时,他们就会知道指的既是自己,也是塞内加尔人。在这一点上,我们能下什么结论呢?

把同样的"天生愚钝"强加给白人和黑人是严重的教育错

① 正如在许多情况下,当有人把这教学特点带回马提尼克岛时,引起的是微笑。人们很愿意看到事情的喜剧性,但不计它长远的后果。然而重要的是这些长远的后果,因为正是从这些三言两语的句子出发,安的列斯群岛的青年们拥有了自己的世界观。

误。如果有人愿意把“天生愚钝”理解为对“这些人”的人道化企图,他就会领会我们的观点。我们将极其严格地说儿歌遭到同样的批评。人们已觉察我们就是想编出一些专门给黑人读的画册,给黑人孩子唱的儿歌,甚至编一些历史作品,至少足够黑人读到毕业。因为在有相反证明以前,我们一直认为如果有创伤,它就发生在这个时期。安的列斯青年也是被要求一直同一些白人同胞一起生活的法国人。人们经常忘了这一点。

白人家庭就是某个结构的受托人。社会的确是家庭的总和。家庭是个机构,它显示出一个更加宽泛的机构:社会或民族的群体。参照方向是同样的。白人家庭是准备和培养社会生活的地方。“家庭结构在超我中内心化并被投射到政治行为(我们说社会行为)中”(马居斯)。

黑人如果待在自己家里,他所实现的东西比白人小孩还要少。但如果他到欧洲去,他则需要重新考虑他的命运。因为法国黑人在自己的国家里感到自己与他人不同。有人很快说:黑人自卑。事实上是别人使他产生自卑感。年轻的安的列斯人也是法国人,时刻被认定和白人同胞一起生活。然而安的列斯家庭实际上同法国的国家结构不保持任何关系,跟欧洲结构也不保持任何关系;于是,安的列斯人应该在家庭和欧洲社会之间做选择;换句话说,想要在社会上向上爬(白人、受教育的女性)的人,通常在我们的想象中会倾向于抛弃自己的家庭(黑人、野蛮的人),这与我们前面描述的幼儿期的**体验**有关。

马居斯的图解变成这种状况:

家庭←个人→社会

家庭结构被抛弃在"这个"里。

黑人发觉许多建议不现实,他曾参照白人的主观态度,把这些建议变为自己的主张。于是,他们开始向白人学习。而现实显示出极端的抵触……但,有人会对我们说,你们只描述普遍现象,——成年的标准恰好是适应社会。于是我们会回答说这个批评没有直击要害,因为我们正好指出了黑人需要正视一个幻想。一个根深蒂固的幻想。这个幻想长期存在于黑人之中,却一直被他们忽视;但白人乍一看他,他就感到自己那黑色素的分量。①

然后,是无意识的存在。种族的悲剧在光天化日之下发生,黑人来不及把它"无意识化"。白人在某种程度上成功了;因为出现一个新因素:犯罪。黑人的优越性情结,他们的自卑情结

① 关于这一点,我们来引述萨特所写的:某些孩子从六岁起就对一些把他们唤作"犹太人"的同学挥拳相向。另一些孩子则长期不知道自己的种族。在一个我认识的家庭里,一个以色列姑娘直至十五岁都不知道犹太人的本身含义。在占领时期,一个枫丹白露的犹太医生,在家闭门不出,抚育他的孙儿们,对他们的出身只字不提。但不管以什么方式,他们有朝一日必须知道真相:有时通过他们周围的人的微笑,有时通过传闻或辱骂。发现得越晚,打击就越大。他们一下子发现了别人知道,但他们不知道的事。人们用一些暧昧的、令人不安的形容词描述他们,而这些词通常不会在他们家庭中出现。(《对犹太人问题的思考》,第96—97页)

或平等感是**有意识的**。他们时刻感受到这些情结。他们有他们的悲剧,在他们身上没有这种成为神经症典型的情感上的记忆缺失。

每当我们读过一篇精神分析的作品,同我们的教授们讨论,跟一些欧洲病人谈话时,我们对相应的图表和黑人提供给我们的现实之间的不相符感到震惊。我们逐渐从中得出结论:在从白人的心理学过渡到黑人的心理学时存在着辩证法的替换。

夏尔·奥迪埃所谈的**原始价值**[①]在白人身上和黑人身上是不同的。社会化的努力并不反映同样的意图。千真万确,我们改变世界,一个严谨的研究应该这样呈现:

——对黑人的生活经历做精神分析的解释;

——对黑人的神话传说做精神分析的解释。

但我们唯一的依靠——现实——禁止我们这样行动。事实要复杂得多。什么事实?

黑人是引起畏惧和抑郁症的对象。从那个患替身综合征的女病人[②]一直到这位向我们承认跟一个黑人睡觉对她来说代表某种恐怖之事的姑娘,我们看到了不同程度的所谓的黑人恐惧症。关于黑人,人们大谈精神分析。但我们对精神分析

① 《精神生活的有意识和无意识的两个根源》。
② 《妄想症》,埃斯纳尔引用,参见《过失的病域》,第97页。

能运用的场景保持怀疑[1]，我们宁可给这一章加上标题："黑人和精神病理学"。期望弗洛伊德、阿德勒、甚至连荣格在他们的研究过程中都未想到黑人。在这方面他们很有道理。人们经常忘记神经症不是人类现实的构成因素。不管愿意不愿意，恋母情结并没有在黑人身上出现。有人可能用马林诺夫斯基[2]反对我们说母权制度是构成这种情结丧失的唯一原因。但我们除了可能思量那些人种学家在他们自身文明情结的影响下，是否没有努力在他们所研究的民族中找出样本，对我们来说，要证明在安的列斯群岛，97%的家庭没有产生恋母情结的能力，是比较容易的，而我们也对此感到十分高兴。[3]

撇开一些出现在封闭环境中的失败，我们可以说安的列斯人身上的一切神经症、一切不正常行为、一切情感的强烈兴奋都是残酷的处境的结果。换句话说，有一堆资料、一系列的主张借助于作品、报纸、教育、教科书、广告贴、电影、广播，潜移默化地

① 我们尤其会想到美洲，参见《我是个黑人》。

② 马林诺夫斯基(1884—1942)，波兰裔英国人类学家和人种学家。——译注

③ 在这一点上，精神分析家们对赞同我们的意见持犹豫态度。例如，拉康博士谈到恋母情结的"多产"。但如果说孩子打算杀死他父亲，还是要得到后者的同意才行。我们想起黑格尔说道："孩子的摇篮是父母的坟墓。"想起了尼科拉·卡拉(《火灾的家》)，让·拉克罗瓦(《家庭的力量和软弱》)。战后的法国出现了道德价值观崩溃的情况，这个事实表明了代表国家的道德人物失败的结果。我们就知道在家庭范围内这样的创伤会有什么后果。

影响个人——同时构成他所属集体的世界观。[1] 在安的列斯群岛，这种世界观是白人的，因为不存在任何一种属于黑人的表达。马提尼克人的民间创作十分贫乏，而在法兰西堡，许多青年不知道“兔子兄弟”——路易斯安那州的雷米大叔的复制品——的故事。例如，一个欧洲人知道当今黑人诗意表达的现状，却在得知直到1940年没有一个安的列斯人能够认为自己是黑人时，感到十分惊讶。只是由于埃梅·塞泽尔的出现，人们才能够看到对黑人性的要求与推断。况且，最具体的证明是来到巴黎的年轻一代大学生对此的印象：他们要几个星期才能明白，与欧洲的接触使他们提出了一些他们之前从未注意过的问题，而这些问题并不是无人关注的。[2]

每当我们同老师们讨论时，或跟欧洲病人谈话时，我们发觉这两个世界之间可能存在的差异。最近我们跟一位始终在法兰西堡工作的医生交谈，我们把我们的结论告诉他；他大加赞同，

---

① 我们向那些不信服的人建议下面的试验：在安的列斯群岛和在欧洲放映一部《人猿泰山》电影。在安的列斯群岛，年轻的黑人实际上会代入泰山这个角色，反对黑人。在欧洲的电影厅里，事情困难得多，因为看电影的人虽然是白人，但不由自主地与银幕上的野蛮人联系在一起。这个试验很关键。黑人觉得肤色不意味着免除惩罚。一部在法国一个城市里和在法兰西堡放映的纪录影片引起相似的反映。不过最好还是：我们肯定布须曼人和祖鲁人会更容易引起安的列斯青年们的大笑。如果指出在这种情况下，反应的夸张让人猜想对承认的怀疑，这倒会是十分有意思的，在法国，看这部影片的黑人完全愣住了。他们躲避不掉：他既是安的列斯人，也是布须曼人和祖鲁人。

② 他们更加特别地发觉他们的自我增值路线得改换方向。我们确实看到来法国的安的列斯人打算把这次旅行作为他们性格的最后阶段。我们完全能绝对放心地说为了相信自己的白皮肤而到法国去的安的列斯人在那儿发现自己真正的面貌。

对我们说这是对的，不仅是在精神病理学方面，而且在普通医学方面也是对的。他补充说，你们从来没有见过像医学教材中所写的那么单一的伤寒，这种病总是伴随着或多或少的疟疾。研究黑人意识经历的精神分裂症会很有趣——如果在他们的意识中确实有这种疾病的话。

我们的意图是什么？十分简单：当黑人到达白人世界，有某种致敏的行动。如果心理结构变得脆弱，我们就会看到“自我”的垮台。黑人不再作为一个**行动**的个体行事。他行动的目标将是“他者”（在白人的外表下），因为只有“他者”能提高他的价值。在种族方面：提高种族的价值。但还有别的东西。

我们曾说过黑人是恐怖症患者。什么是恐怖症？我们借助埃斯纳尔的最近作品来回答这个问题：“恐怖症是一种焦虑不安地害怕一个客体（更广义地，害怕个人身外的一切事物）或引申地害怕一个处境的神经症。”①当然，这个客体应该具有某些特征。埃斯纳尔说，必须由这个特征引起害怕和厌恶。但在这方面我们会碰到一个困难。应用基因的方法来理解恐怖症，夏尔·奥迪埃写道：“一切焦虑不安都来自某种与母亲的不在相关的主观上的不安全感。”②作者说道，这发生在第二年左右。

研究恐怖症患者的身体结构，我们得出这个结论：“在直接

① 《失误的病域》，法国大学出版社，1949 年，第 37 页。
② 《焦虑和造成幻觉的思考》，第 38 页。

指责成年人的信仰之前,应该在其所有因素中分析产生和导致这些信仰的幼儿期结构。”[①]因此对引起恐怖症的客体的选择是**由多种原因决定的**。这个客体并不是从虚无的黑夜中出现的,在某种情况下,这个虚无在主体身上引起了情感。恐怖症是这种情感对主体世界深处的潜在影响;它有成形的构造。因为客体当然不需要在那儿,只要它存在,它是可能的就够了。这个客体具有不好意图和不祥力量的所有象征。[②] 恐怖症患者会优先轻视一切合理思考。正如人们所见,恐怖症患者是遵守理性前逻辑和感性前逻辑的人:思考和感觉的过程,它使人想起给人以不安全感的事故产生的年代。预示的困难如下:在刚才我们谈到的这位年轻女性身上有无给人以不安全感的创伤?在大部分敌视黑人的男性身上有无诱拐的企图?口淫的企图?下面就是我们通过一丝不苟地应用分析结论所得出的:如果客体十分可怕,如同一个或多或少的想象中的侵犯者,引起害怕,这尤其是夹杂了性厌恶的害怕。当我们搞清楚引起恐惧的人的动机时,“我害怕男人”这句话意味着:因为他们可能对我做各种各样的事,但不是粗俗的虐待:性虐待,即不道德的、丢人的虐待。[③]

---

① 《焦虑和造成幻觉的思考》,第 65 页。
② 同上书,第 58 和 78 页。
③ 埃斯纳尔:《过失的病域》,第 38 页。

“简单的**接触**足以引起不安。因为接触同时是最初性行为的概括类型(摸、碰、手的接触——性欲)。”①由于我们习惯于所有自我用于保护自己的手法,我们知道必须避免从字面上对其进行否定。难道我们不是面对着全面转变吗?其实,这种**害怕**强奸不正好使人想到强奸吗?正如有几张讨厌的面孔那样,人们不可以描述一些要强奸的妇女吗?切斯特·海姆斯在《如果他叫喊,那就让他叫吧》中很好地描述了这个机械论。每当那黑人走近时那个金发胖夫人就会昏厥。但她什么也不怕,因为工厂里满是白人……最后,他们睡在了一起。

我们当兵时看到了白种妇女——其中有三四个欧洲国家的——在舞会期间面对黑人,所表现的举动。大部分时间,妇女们匆匆躲避、退场,满脸惊慌,这并非装出来的。然而,邀请她们的黑人根本就不会干违反她们意愿的事,即使他们想干也没有这个能力。这些妇女的举止是在想象的层面上被理解的。因为敌视黑人的女人实际上只是个被推定的性搭档,——正如敌视黑人的男子是个禁欲的同性恋者那样。

的确,面对黑人,一切都发生在性的层面。几年以前,我们让跟我们讨论的朋友们明白,白人对于黑人的行为通常就犹如哥哥对弟弟的出生起的反应那般。从此,我们知道在美国的理

① 埃斯纳尔:《过失的病域》,第40页。

查德·斯特伯同样明白这一点。在现象学方面,我们本应研究一种双重的实在性。人们因为犹太人的适应潜力而怕他们。“他们”无处不在。犹太人充斥着银行、交易所、政府。他们支配一切。不久国家将属于他们。他们在竞争中被认可,当着“真正”的法国人的面。不久他们将在我国制定法律。最近,一位准备考行政学校的同学对我们说:“你说了也白说,他们互相支持。例如,在莫克执政时,被称作犹太人的人数多得吓人。”在医学领域,情况没有差异。所有考进来的犹太大学生都是“走后门者”。——黑人们,他们有性能力!你们想想看啊!他们用他们具有的自由,在丛林中!似乎他们随时随地同别人睡觉。这是些“种马”。他们的孩子多到数不胜数。我们要当心,因为混血孩子要充斥整个国家了。

明确地说,一切都不行……

政府和行政管理部门被犹太人包围了。

我们的妻子被黑人们包围了。

因为黑人有着惊人的性能力。标准就是这样:他们的性能力必须**是**惊人的。思考这个问题的精神分析家们相当快地找到一切神经症的要素。这里主要指的是性焦虑状态。我们认识的所有仇视黑人的妇女的性生活都不正常。她们的丈夫遗弃她们;她们是寡妇,而她们却不敢另寻新欢;离了婚的,却在新对象面前犹豫不决。她们所有的人都授予黑人一些他人(丈夫、情人、次要人物）不拥有的能力。后来，一个反常的因素介入了——幼儿期结构的持续：天知道怎么做爱！这想必是可怕的。[1]

有一个词，随着时间的推移变得异常色情 ：黑人运动员。一位年轻女性向我们吐露其中有某种令人作呕的东西。一个妓女告诉我们，起初跟黑人睡觉的念头使她达到了性高潮。她找黑人，避免向他们要钱。她补充道："但跟他们睡觉并不比跟白人睡觉更加新奇。在行动之前我就到达了高潮。我想（想象）他们可能对我所做的一切事情：就是这点妙极了。"

我们继续关注性的层面，厌恶黑人的白人不服气性无能感或是性低能吗？理想情况是拥有完美的生殖能力，但黑人被当成了阴茎的象征，与他们相比，这不是一种间接的肯定吗？死刑处死黑人不是性报复吗？我们知道一切虐待、拷打、体罚都包含了性。如果再读几页关于萨德侯爵的书，就会容易信服了。黑人的优越感是否真实？大家都知道不是。但重要的并不在此。

---

① 我们在诺阿辛·马居斯的研究中重新发现了一个主张，根据这个主张，社会的神经症，或面对某个他人的不正常举止，同个人处境保持着密切关系："对调查表的分析说明了那些最仇视犹太人的人也拥有着最为冲突的家庭结构。他们的反犹太主义是在家庭环境内部遭受挫折、失望的结果。这充分说明了犹太人是反犹太主义的替代品，这就是那些同样的家庭环境根据当地的情况，产生仇视黑人、反天主教，或者反犹太主义的事实。因此这可以说是与当前的意见相反，是态度决定内容，而非内容决定态度。"（《家庭结构和政治行为在家庭和国家中的权力》，第282页）

恐怖症患者的前逻辑想法决定他如此。[①] 另一个妇女自从读了《我唾弃你的坟墓》后就患上了对黑人的恐怖症。我们提醒她注意白人受害者也跟黑人一样有病，试图向她指出她的见解没有道理。此外我们补充说，既然此书的作者是鲍里斯·维昂(Boris Vian)，那么这就不是标题所暗示的那种黑人诉求。我们不得不吹嘘我们的努力。这位少妇什么也听不进去。读过这本书的人很容易明白这恐怖症表达了什么样的情绪矛盾。我们曾认识一个黑人医科大学生，他不敢对到妇科来看病的病人做阴道指检。他向我们承认有一天曾听到一个病人的这种顾虑："那里边有个黑人。如果他碰我，我就扇他耳光。谁知道他们会干出什么事。他想必手很大，而且他肯定很粗暴。"

如果想从精神分析角度来了解种族的形势，不是总的设想，而是通过特别的意识感受到，那我们必须十分重视性现象。提到犹太人，人们想到金钱及其他相关的词。提到黑人，则想到性。在有关土地的方面，反犹太主义易于被合理化，因为犹太人把国家占为己有，所以他们很危险。最近，一个同志对我们说虽然他不是仇视犹太人者，但他不得不指出他在战争期间认识的大部分犹太人的表现是卑鄙的。我们试图使他承认这个结论是

---

① 如果依旧从奥迪埃的观点来看，应该更确切地说，是"不合逻辑推论的"："当涉及退化时，即涉及成年人的特有的过程时，可以提议'不合逻辑推论的'这个词。"(《焦虑和造成幻觉的思考》，第95页)

一个坚定的主观意愿的结果,即无论在哪都可以得出同样的结论,但这终究是徒劳的。

在临床方面,我们听说这位有指检妄想的年轻女性的故事,自从别人给她介绍了一个犹太男子的那一天起,她就不停地洗手和胳膊。

让-保罗·萨特曾巧妙地研究过反犹太主义的问题,让我们试着看看嫌恶黑人究竟是怎么回事。这种嫌恶是在本能和生物方面。在极端情况下,我们会说黑人在其出现在白人的现象世界的时候,自然用他的身体妨碍白人姿势图的关闭。我们通过考虑身体侵入另一身体而得到了结论,但这里不是汇报这结论的地方。(例如假设一组四个十五岁的孩子,或多或少都宣称善于运动。他们中一个跳高以一米四八获胜。突然冒出第五个人他超过一米五二,那四个身体遭到结构破坏。)对我们有重要性的是指出"与生命有关的"周期因黑人而开始了。①

① 依据拉康的镜像理论,询问在什么范围内,所知年龄的白人青年身上建立的同类的意象,在黑人出现时神经不会遭到想象的刺激,这自然是很有趣的。当人们明白了拉康描述的这一过程,不再怀疑白人的真正"他人"并将一直是黑人。相反地,只不过对于白人,"他人"在有形体的形象方面绝对被理解为非我,即不可视为相同者,不可相似对待者。对于黑人,我们曾指出历史和经济的现实都考虑在内。拉康说道,"通过治疗对象的映象去察看是一种对于分析这个病期具有双倍的意义的现象:六个月后出现现象,这时对它的研究示范地揭示当时观察对象的现实的倾向;自映意象,甚至由于这些相似性而成为这现实的良好象征。"(《法兰西百科全书》,8—40,9 和 10)

我们将看到这一发现是基本的:每当观察对象瞥见自己的形象并向它打招呼时,总是可以说是"他固有的精神协调"受到称赞。在精神病理学方面,如果人们重视幻觉病或解释性妄想,人们发现这个自我形象始终受到尊重。换句话说在妄想行为的所有阶段,都存在某种结构上的和谐,即个体及其所经历的结构的(转下页)

(接上页)完整。除了能把这一真实归于感情的内容外,它仍然是一个证据,表明忽略它是不科学的。每当有妄想的自信,就有自我的再现。尤其在迪德和吉罗所描述的焦虑和怀疑时期,他者出现了,因此以色情狂和谋杀者的形式再现黑人就并不见怪了。但在系统化时期,当确定性转化时,外人就会失去存在空间。过分地说,况且我们将毫不迟疑地说某些妄想中的黑人主题(在它不是中心主题时)与其他现象(如动物幻视同时出现)。莱尔米特描述了有形体的意象的解放。就是在临床方面人们称之为"双身化"的东西。莱尔米特说,骤然出现这现象是非常奇怪的。甚至发生在正常人(歌德、塔尔尼等等)的身上。我们肯定对于安的列斯人,自映幻觉始终是中性的。我们曾向那些告诉我们在他们身上注意到这现象的人提这个问题:"你是什么肤色?";"我是无色人种。"很好,在将入睡时的幻觉中,尤其在自迪阿梅尔(Duhamel)以来人们叫作 salavinisation 的东西中,同样的过程来回重复。并不是作为黑人的自我在颅盖下活动、思考或受欢呼。

此外,我们建议这些结论涉及的人读几篇十至十四岁的安的列斯孩子写的法语作文。对所出题目:《出发度假之前的印象》,他们像真正的巴黎孩子那样回答,且发现下列那些主题:"我喜欢假期,因为我可以在田野里奔跑,呼吸新鲜空气,并将又回到'欢乐'的日子。"看起来我们并没有搞错,让人明白安的列斯人不知道他黑人身份。我们有条件第一次见到一些塞内加尔人时可能是 13 岁。有关他们,我们知道 1914 年时的老人们所叙述的:"他们上了刺刀进攻,如果这不行,手握短刀,穿过一阵阵机枪扫射向前猛冲……他们割下'头颅'并收集敌人的耳朵。"他们途经马提尼克岛,从圭亚那过来。我们渴望地在街上寻找他们的身影,人们曾对我们谈到过这制服:红色小圆帽和腰带。我们的父亲竟然招徕了两个,把他们领到家里,在那儿他们得到了莫大的家庭之乐。在学校里,环境是一样的:我们数学老师,预备役军人中尉,1914 年时指挥一支塞内加尔土著兵团,他提醒我们说:"他们祈祷时,不应打扰他们,因为在那样的场合下不存在中尉。他们是一些即将开始狩猎的狮子,请尊重它们的习惯。"这话使我们战栗。如果马伊奥特・卡佩西亚在梦中自视为雪白和粉红肤色的女人,我们不会再对此大惊小怪;我们会说这事情很正常。

有人可能反对我们说如果在白人身上,有同类的意象的制造,那么在安的列斯人身上想必产生相似的现象,视觉感知是这个制造的草图,但在安的列斯岛,感知始终处在想象的层面。用白人的话说人们从中觉察他的同类。例如有人会说某人"很黑";在一个家庭内部,听到母亲声称:"×是我孩子中长得最黑的。"这没有什么令人大惊小怪的。就是说长得最不白的……我们只能重复一位欧洲同事的想法,我们对她谈及此事:在人性方面,这是个真正的欺骗。让我们再说一遍,参照白人的本质,所有的安的列斯人被指定要被同胞感知。在安的列斯群岛和在法国完全一样,人们碰到同样的传说;在巴黎,人们说:他的肤色黑,但非常聪明;在马提尼克岛也有着同样的表达。战时,一些瓜德罗普岛教师来法兰西堡批改业士学位考试试卷,我们出于好奇到 B 先生住的旅馆里去看他,他是哲学老师,以长得特别黑而出名;正如人们在马提尼克岛说的,带着些许讽刺意味,他是"蓝色的"。这样的家庭很受尊重:"他们长得很黑,但他们所有的人都很棒。"例如钢琴老师,音乐戏剧学院的毕业生,一个女子中学的自然科学老师,等等。至于父亲,他每天在夜幕降临时在阳台上散步,有人说,从某个时候起,就看不到他了。据说在另一个农村家庭里,夜色来临时有时没有电,孩子们得哈哈笑以便人家能发觉他们的存在。每星期一,某些马提尼克岛职员穿着十分干净的白帆布制服,按当地的象征意义,像"牛奶碗里的李子干"。

任何一个反犹太主义者都没有阉割犹太人的念头。人们杀死犹太人或使他绝育。黑人却是被阉割了。阴茎——男子生殖力的象征——被毁灭了,就是说它被否定了。人们察觉两种态度之间的差异。犹太人在其信仰的个性、历史、种族方面,在他所保持的同祖先和晚辈的关系方面受到伤害;在使犹太人绝育方面,人们铲草除根;每当一个犹太人受迫害,这是人们通过他迫害整个种族。但人们是在实体性方面伤害了黑人。作为具体的人格被迫害的他,作为现实的存在的他,是危险的。犹太人的危险被害怕黑人的性能力所替代。在《殖民化的心理学》中马诺尼写道:"种族主义者在世界各处用以反对不同意他们信仰的人的论据值得一提,因为很有启发性。'什么?'这些种族主义者说,**如果你有个女儿要嫁出去,你会把她嫁给一个黑人吗**?我见到过一些表面上丝毫不是种族主义的人,被这种言论据搞得狼狈不堪,失去一切批评的念头。因为一个这样的论据触及他们身上一些十分暧昧的(确切地说是**乱伦**的)情感,这情感通过防御的反应将他们推向种族主义。"①在继续说下去之前,我们似乎应该提出下列意见:在承认有乱伦的无意识倾向时,为什么这些倾向更显著地表现在黑人方面?一个黑人女婿在哪些方面绝对地不同于一个白人女婿?这两种情况难道不显露出无

① 马诺尼:《殖民化的心理学》,第109页。

意识的倾向吗？为什么不认为那父亲反对是因为在他看来，黑人将把他的女儿引到一个性世界，而他并不拥有这个世界的钥匙、武器、特性呢？

一切智力的获得都以性潜力的丢失为代价。开化的白人对性放荡的特殊时期有着无理性的怀念，怀念狂欢的场面，不受惩罚的强奸，不加制止的乱伦。总之，这些幻觉符合弗洛伊德学说的生活本能。白人把自己的意图投到黑人身上，表现得"仿佛"黑人真的有这些意图。当涉及犹太人时，问题很清楚：人们对他们不信任，因为他们想拥有财富或身居高位。黑人则是和生殖器官捆绑在一起；或至少是别人把他们固定在那儿。两个领域：智力和性。罗丹的《思想者》阴茎勃起，这是个引起反感的形象。按情理，人们不能到处"装硬汉"。黑人代表生物学的危险。犹太人代表脑力的危险。

对黑人感到害怕，就是害怕生物学的危险，因为黑人只是生物学的。他们只是一些牲畜。他们赤身裸体地生活。只有上帝知道……马诺尼还写道："这种需要在类人猿的猴子身上，在卡利班[①]身上或在黑人身上，甚至在犹太人身上重见好色之徒的神话形象，在人的内心达到一个**深度**[②]，在此深度中思想混乱，

① 莎士比亚的《暴风雨》中的人物。——译注

② 如果考虑到被清醒梦所提供的答复，我们会看到这些"范型的"神话形象果然在人的内心深处，每当人深入内心，就碰到黑人，要么是具体的，要么是象征性的。

且性冲动奇怪地同挑衅和暴力——大权势的原动力——联结在一起。”①作者把犹太人纳入这个范围内，我们认为十分合适。但这里黑人是支配者。他们是这个问题的专家：谈论强奸就意味着谈论黑人。

在三四年中。我们询问了大约五百个白人：法国人、德国人、英国人、意大利人。我们利用某种讲知心话，无拘无束的语气，总之我们期待我们的对话者丝毫不怕向我们敞开心扉，就是说深信不会得罪我们。或者，在自由联想期间，我们把“黑人”这字眼混入二十来个其他词中。将近十分之六的回答表现为这样：

黑人代表着生物的、性、强壮的、爱好运动的、强有力的、拳击手、乔·路易、杰斯·欧文、塞内加尔兵团、野蛮的、动物、魔鬼、罪恶。

“塞内加尔兵团”这个词使人联想到：可怕、残暴、结实、强壮等词。

值得注意的是对“黑人”这个词，五十分之一的人回答：纳粹、党卫队；当人们知道党卫队形象的情感价值时，人们明白同前面的回答的差异是微乎其微。补充说一下，几位欧洲人帮了我们的忙并对一些同志提出问题：比例明显地增长。我们必须

① 马诺尼：《殖民化的心理学》，第 109 页。

从中看到我们黑人品质的结果：他们在无意识地克制自己。

黑人象征着生物学。首先，他们在九岁时进入青春期，十岁有孩子；他们热情，血气旺；他们强壮。正如一个白人最近带点苦涩的口吻对我们说："你们体格强健。"这是个美好的种族，看看那些士兵……战时，人们不是把他们叫作我们的黑魔鬼吗？……但他们想必是粗鲁的……我可不想他们用那大手拍我的肩。我对这怕得发抖。我们十分清楚在某种情况下必须反过来解读，我们理解这位如此温柔的妇女：其实，她非常清楚看到的是那个强壮的黑人折磨她柔弱的肩。萨特说，当人们说"年轻的犹太女性"这一短语时，有想象的强奸、掠夺的味道……相反地，我们可以说在"漂亮的黑人"这个短语里有"可能"影射类似的现象。那从"漂亮的年轻黑人"过渡到"马驹、种马"的速度之快给我留下了深刻印象。在电影《丧服适合埃莱克特》中，一大部分的阴谋是基于性争夺展开的。奥兰责备他姐姐维妮赞赏爱情岛的出色的裸体土著人。关于这件事，他不会原谅她。[①]

对现实的分析是棘手的。一个研究员面对他的课题可能采

---

① 然而我们要注意状况很含糊。奥兰也妒忌他姐姐的未婚夫。在精神分析方面，行为的展示方法如下所示：奥兰是个定居在母亲处的怕被遗弃者，且他不能真正实现他性欲的客体享有。例如他面对他那所谓的未婚妻的行为。维妮定居在父亲处，她向奥兰证明他母亲不忠，奥兰杀死了母亲的情人。母亲用自杀作为回应。奥兰的性欲需要以同样的方式享有，转向维妮。果然，维妮在其行为举止中并甚至在其存在中替代了母亲。因此，这是部拍摄得很好的影片，奥兰经历的是乱伦的恋母。因此奥兰在宣布他姐姐的婚礼上用哀叹和责备破坏了气氛。但在和这位未婚夫的斗争中，他遭遇到的是感情、情感；同出色的土著、黑人的冲突是在生殖、生物方面。

取两种态度。要么他以解剖学工作者的方式继续描绘,在对胫骨所作的描述中,当别人问他们拥有的前腓骨凹陷的数量时,他们都感到十分惊奇。因为在他们的研究中,这从来都不是他们的问题,而是别人的问题;在我们的医学研究初始,经几次令人恶心的解剖之后,我们硬起心肠设法使自己避免这些不安。方法很简单:“亲爱的,就当是解剖一只猫,一切会顺利的……”——或者,在描述现实之后,打算改变现实。此外,原则上,描述的意图似乎确实暗示了一个关键问题并由此要求向找到某种解决办法突破。正式的或轶闻趣事的文学创作了太多的黑人故事,我们无法视而不见。但把这些故事集中起来,显示黑人机制的真正任务并没有取得进展。对于我们来说,主要的并不是堆积事实、行为,而是确定它们的含义。在这点上我们可以依靠雅斯贝尔斯的名声,他写道:“对于单单一种情况的深入理解,经常能使我们从现象学的角度普遍应用于无数的情况。经常是人们曾经掌握的东西不久又重新出现了。现象学中重要的不是对无数案例的研究,而是少数特定案例的直观而深刻的理解。”①摆在面前的问题是:白人能否对黑人表现得正确合理?黑人能否对白人表现得正确合理?

某些人会说这是假问题。但我们说欧洲文化认为黑人对所

① 卡尔·雅斯贝尔斯:《普通精神病理学》,卡斯特莱和芒杜斯译,第49页。

有可能出现的冲突负责时,我们并没有超越现实。在关于语言一章中,我们曾指出在屏幕上黑人忠实地再现了这个意象。甚至连一些严肃的作家也成为其颂扬者。米歇尔·库尔诺是这样写的:“黑人的剑是把剑。当他用剑刺死你的妻子,她感到了什么。这是个启示。你的小饰物丢失在他们留下的深坑中。由于花了很大力气,你使静室浮动,犹如你在唱歌。人们互相道别……四个下体器官显著的黑人挤进一座满是人的大教堂。想要出来,他们须等待秩序恢复正常;而待在交错的人流中并不是件轻轻松松的事情。

“为了不受拘束,没有纠纷,他们只剩下户外活动了。但严峻的对峙在那儿守候着他们:对付棕榈树、面包树和那么多为了支配权而不松弛的高傲的性格,这性格被训练成好像是为了永生永世存在和处在完全难以达到的高度。”①

当人们把这一段读上十来次并放任自己,即当人们沉溺于对形象的空想,人们不再看见黑人,而是一个器官:黑人被简化了。他被做成器官。他**是**阴茎。人们轻易地想象这样的描绘发生在一个里昂姑娘身上可能会引发什么后果。恐怖?欲望?无论如何,不会是无动于衷。然而,真相是什么?帕莱斯医生说,非洲黑人的阴茎的平均长度很少超过一百二十毫米。泰斯蒂在

① 《马提尼克岛》,第13—14页。

其《人类解剖学论文》中指出欧洲人也同样如此。但这些事实不能说服任何人。白人深信黑人是牲畜;如果说不是阴茎的长度,那就是性能力使白人震惊。面对这个“与他不同”的人,他需要自卫。就是说要显示“他者”的特点。“他者”将是他的定见和欲望的支柱。① 我们上面所援引的那个妓女告诉我们她是从别人给她讲述下列故事那天起找黑人的:一天晚上,一个女人和一个黑人睡觉,她失去了理智;她疯了两年,但她治愈后,拒绝跟另外一个男人睡觉。她不知道自己为何发疯。但她狂怒地试图再现那情景,重新找回这难以启齿的秘密。我们应该明白她想要的是她内心在性方面的决裂、解体。她和黑人的每次性经验都巩固了她的界限。她失去了这种性欲高潮的兴奋,她不能感受这种兴奋,因此她投入思辨进行报复。

---

① 某些作者在这方面接受那些偏见(从词源的意义上),试图说明为什么白人不懂得黑人的性生活。因此人们在《德·佩德拉》中能够读到这样一段话,虽然它表达了真相,但并没让白人“意见”的深层原因不受影响:“黑人孩子对生殖的表现既不感到惊奇也不感到羞愧,因为这就是他一心想要知道的事,相当明显,且不用更多地求助于烦琐的精神分析,这种差异不会不对思想方式产生影响,故也对行动方式产生影响。性行为对于他好像是件最自然的、最值得称道的事情,甚至考虑到其追随的目的:繁殖,非洲人在他有生之年将永远继续在头脑中出现这个概念——而欧洲人在其一生中将无意识地保留一种犯罪感,理智和经验都永远也不能完全使这种犯罪感消失。因此,非洲人打算把他的性生活只看作是他生理学生活的一个分支,完全像吃喝和睡觉一样……这样一种范畴观念是独有的,人们认为欧洲人的思想训练是转弯抹角,为了使扭曲的意识、动摇不定的理智和受束缚的本能这些意向一致。因此根本的差异丝毫不是属于天生的、体质的,而是属于观念的,同样生殖的本能,失去了我们的文学不朽著作所围绕的光环这个事实,丝毫不是非洲人生活中的主要因素,与‘太多的观察家们’断言的构成我们固有生活中的主要因素相反,‘这些观察家随时准备解释他们通过那分析自己的唯一办法所发现的东西’。”(《黑非洲的性生活》,第 28—29 页)

关于这一点，我们必须提到一个事实：一个同黑人睡过觉的白人女子很难接受一个白人情人。至少这是我们遇见的，尤其是在男性身上遇见的一种想法：“谁知道‘他们’给了她们什么呢？”的确，谁知道呢？肯定不是他们。对这主题我们不能闭口不谈艾蒂安布尔的这个意见：“种族的忌妒导致了种族主义的罪行，对于许多白人男子来说，黑人恰好是这把永远贯穿他们妻子的神奇的剑，他们的妻子将因此改变面貌。我的统计部门从未给予我这方面的资料。然而我认识一些黑人。一些同黑人男性有来往的白人女性。最后一些与白人男性有来往的黑人女性。我了解了足够的隐情，能够对库尔诺先生用其才能给一个奇谈打气而感到遗憾，在这奇谈里白人总是会找到一个似是而非的论据：不可明言的，值得怀疑的，因而双倍有效的。”①

清查现实是个巨大任务。我们收集事实，我们评述这些事实，但在写每一行时，在提出每一个建议时，我们感到有种未完成的印象。加布里埃尔·达布西埃揭露萨特时写道：“这篇把安的列斯人、圭亚那人、塞内加尔人和马达加斯加人放在一起的文选制造了令人遗憾的混乱。因此，它把海外国家的文化问题与每个国家的历史、社会现实、民族特点，以及帝国主义的剥削和压迫强加给每个国家的不同条件割裂开来。因此当萨特写：‘黑人

① 《关于米歇尔·库尔诺先生的马提尼克岛》，载《现代》，1950 年 2 月。

通过加深其过去的奴隶回忆，断言痛苦是男人的命运，但它仍然是不值得的’时，是否体会到这对于一个霍瓦人、一个摩尔人、一个图阿雷格人、一个刚果或科特迪瓦的班图人意味着什么？”①

这个异议是有道理的，它也影响了我们。最初，我们想局限于安的列斯群岛。但辩证法无论如何都占据了优势，故我们不得不**看到**安的列斯人首先是黑人。然而，我们不会忘记比利时、法国、英国籍的黑人；以及一些黑人的共和国。当这样的事实要求我们这样做时，我们怎能假装把握了问题的实质呢？实际情况是黑人种族是分散的，它不再团结一致。当墨索里尼的武力侵入埃塞俄比亚时，有色人种开始团结一致行动。但如果从美国派一两架飞机到被侵略者那儿，实际上任何一个黑人都不会反抗。黑人拥有一个祖国，在一个联盟或联邦里占一席之地。一切描述都应该是处于现象的层面上，但在这方面我们仍然请教无数的观点。黑人的普遍处境模糊不清，然而这种模糊不清在其具体存在中得到了解决。由此他可以说是酷似犹太人。针对上面援引的障碍，我们将求助于一个显而易见的事实：“**不管黑人到哪儿，他仍然是个黑人**。”

在某些国家中，黑人已经渗透到文化中。正如我们在上面让大家所领会的那样，人们不会太重视白人孩子接触黑人现实

① 加布里埃尔·达布西埃：《危险的愚弄：黑种人的性格》，载《新评论》，1949年6月。

的方式。例如在美国，白人青年即使不住在有机会真正看到黑人的南方，也透过雷米叔叔的故事而了解了黑人。——在法国，人们可以提及《汤姆叔叔的小屋》。萨利小姐和马尔斯·约翰的小男孩怀着又怕又钦佩的心情听兔子兄弟的故事。贝尔纳·沃尔夫把这白人的情绪矛盾变成美国白人女性心理的主要特征。他甚至依靠乔尔·钱德勒·哈里斯的传记，指出钦佩心情是出于白人对黑人的某种认同。人们知道这些故事的问题所在。兔子兄弟同几乎所有的大自然的动物进行斗争，且当然他总是胜利者。这些故事属于种植园的黑人们的口头传说。因此人们很容易在其兔子那非凡的讥讽和轻蔑的外貌下认出黑人。白人们为了保护自己不受无意识的受虐色情狂的影响——它想要他们对(黑)兔的壮举心醉神迷，曾试图去除这些故事中的他们的挑衅潜力。这样他们得以自思**黑人使一些动物成为人类智慧的低等范畴，只有黑人自己懂得它**。黑人自然感到自己**同低等动物紧密接触，比同各方面都如此高于他的白人接触更密切**。另外一些人正好提出这些故事不是对在美国的黑人的条件做出回应，而仅仅是些**非洲遗迹**。——沃尔夫给我们指出了这些解读的关键："十分明显，兔子弟弟是只动物因为黑人应该是动物；兔子是个外来者因为黑人必须被打上——直至染色体——外来人的烙印。从奴隶制开始，作为奴隶主的民主，和基督教带来的内疚感，使得南方人将黑人定义为野兽，是无法改变的非洲人,他的特征由'非洲的'基因固定在原生质里。如果说黑人确实被指定成为人类的边缘人,那不是由于美国,而是由于热带丛林中他祖先的结构低级。"因此美国的南方人拒绝在这些故事中见到黑人注入的侵略性。沃尔夫说,但编纂者哈里斯是个精神变态者:"他特别善于这项工作,因为他脑袋里塞满了反常的种族的顽念,除了困扰着南方,也在较小程度上困扰着所有美国白人的顽念之外……确实,哈里斯和许多其他美国白人认为,黑人无论从哪一方面都似乎是其焦虑自我的对立面:无忧无虑、易于交际、能言善辩、肌肉放松、从不烦恼,或消极被动、恬不知耻地有暴露癖、从同情自己在集中的痛苦境况中解脱出来、感情洋溢……"但哈里斯始终感觉自己有缺陷。因此沃尔夫把他看作是个受挫的人,——但不是以传统的方式:在于他本质上不可能在黑人的"自然"世界上生活。人们并不禁止他这么做:这对于他是不可能的。不禁止,但不能实现。因为白人觉得黑人使自己受挫,因此他们也要让黑人受挫,把黑人束缚在各种禁锢中。在这里,白人成为他无意识的猎物。让我们再听听沃尔夫所说:"雷米的故事是描述南方的情绪矛盾的不朽著作。美国南方人的原型哈里斯寻求黑人的爱,并声称得到了这爱(雷米的"露齿而笑")①。但他同时在大量的无意识和受虐狂情结中,

① 《雷米叔叔》中的主人公是哈里斯的一个创造发明。所介绍的这个甜言蜜语、忧郁、永远露齿笑的老奴隶是美国黑人的一个最典型的形象。

寻求黑人(兔子兄弟)的仇恨,从这寻求中得到莫大的乐趣,——可能惩罚自己不是黑人、黑人的刻板印象、慷慨的‘赠予人’。这难道不是南方的白人和或许大部分的美国白人在和黑人打交道时的一贯作风吗?”

人们寻找黑人,索要黑人,不能无视黑人,人们要求他们但却想以某种方式粗暴对待他们。很不幸,黑人打破了固有体系并违反了协定。白人会不会反抗?不会,他们会对此妥协。沃尔夫说,这事实说明为什么许多论述种族问题的作品是**畅销书刊**。① “当然没有人被迫**购买**一些黑人和白人女性做爱的故事(《根深蒂固》《意外的收获》《雷米叔叔》),白人发现自己是黑人的故事(《皇亲国戚》《迷失的境界》《雷米叔叔》),白人被黑人掐死的故事(《土人》《如果他喊叫,就放开他》《雷米叔叔》)……我们可以在我们的民间文化中广泛地包装或展示这种黑人的露齿笑,就像受虐狂身上的大衣那样:甜蜜的爱抚并攻击之。正如《雷米叔叔》所指出的那样,大部分种族游戏在这里是无意识的。当白人因刻板的露齿而笑的微妙内容而感到兴奋时,他不再意识到自己的受虐倾向,比起黑人在把刻板印象换成文化的短粗木棍时意识不到自己的性虐待倾向,好不到哪儿去。可能更糟。”②

正如人们所见,黑人在美国制造一些事端,在这些事端中他

① 也请看最近十年来的许多黑人的影片。制片人都是白人。
② 贝尔纳·沃尔夫:《雷米叔叔和他的兔子》,载《现代》,1949 年 5 月。

们可以趁机展现侵略性；白人的无意识使这些侵略行为正当化，并赋予其价值，把这无意识转向自己，这样重新产生典型的受虐狂构图。①

现在我们可以确定一个方针。大多数的白人认为黑人（未受教育的）代表性本能。黑人体现凌驾于道德和禁忌之上的生殖力。白人女性通过真正的诱导，经常觉察黑人在那扇不可感知的大门口，大门开向那纵酒狂欢、放纵的性体验……的王国。我们曾指出现实使所有这些信仰丧失价值。但这处于想象方面，总之也处于谬误推理的一个方面。把不吉利影响归于黑人的白人在智力方面倒退，因为我们曾指出他只达到八岁的心理年龄（看连环画……）。在性演变的成熟前阶段不是同时存在倒退和停滞吗？自我阉割？（黑人由于拥有使人惊愕的性器官而让人惧怕。）通过承认黑人在性能力方面的优势来解释自己的被动？有许多问题值得被提出来。有些男子到某些特定的“房子”里去叫黑人鞭打自己；一些被动的同性恋男子要求黑人搭档。

下面可能是另一种解决办法：首先针对黑人的虐待性攻击，其次，受重视的国家的民主文化对这种行为施加的惩罚使人产生负罪感。于是这种攻击由黑人来承受，由此产生受虐狂倾

① 在美国，当人们要求黑人解放时常常会说：他们只等待这个机会来扑向我们的女人了。由于白人表现出对黑人的侮辱态度，他意识到换成黑人，他们对白人也会毫不留情的。因此他们与黑人同化也不足为奇：白人爵士乐队，布鲁斯歌唱演员，美国黑人圣歌歌唱演员，编写黑人主人公抱怨诉苦的小说的白人作家，白人在把自己涂黑。

向。人们会对我们说，但你们的概括是错的：那里找不到通常的受虐狂的因素。可能这种境况的确不是典型的。不管怎么说，这是解释白人的受虐狂行为的唯一方式。

根据考据学的观点，而非假定现实，我们宁愿提出一种对“一个黑人强奸我”的幻觉的解释。根据埃莱娜·德茨[1]和玛丽·博纳帕特[2]的研究——她们两人都重新接受并且可以说是最大限度地运用了弗洛伊德关于阴蒂、阴蒂-阴道，然后纯阴道性欲交替发展的妇女性欲的观点，由于跨越了其双重的恋母情结而使其被认为被动的性欲和挑衅性被保存得多少有点复杂的妇女，在完成其生物的和心理的发展进程后，最终到达她的由神经心理整合所实现的角色完善。然而，我们不会回避某些失败或固恋。

主动的恋母情结对应着阴蒂阶段，尽管按玛丽·博纳帕特的说法，这个阶段丝毫没有连续性，但有主动和被动的共存。在女孩身上的攻击性去性化不如在男孩子身上那样成功。[3] 阴蒂被认为是缩短的阴茎，但超过具体的，姑娘只考虑质量。她从质量的角度来体会现实。就像在小男孩身上一样，她身上会有对母亲的冲动；她也想要杀掉母亲。

现在我们想知道，在明确实现女性气质的同时，是否会有这

---

① 《妇女心理学》。
② 玛丽·博纳帕特：《论妇女的性欲》，载《法国精神分析杂志》，1949年4—6月。
③ 同上。

种幼稚的幻想持续存在。“此外，一个妇女对男人的粗野游戏的强烈反感是抗议男性和过度双性恋的可疑烙印。一个这样的女人有可能是‘阴蒂性的’。”[①]这就是我们对此的看法。起初小姑娘看到父亲打一个与之争夺的孩子，他是性冲动的挑衅者。在这个阶段（五岁至九岁），父亲尽管处于性冲动的极点，但可以说还是拒绝承担小姑娘的无意识要求他的攻击性。这时，这种释放的攻击性得不到支持，要求转换。由于孩子是在这个年龄，在为人所知的形式下深入了解民俗学和文化的，黑人成为这种攻击性的命中注定的拥有者。如果我们更加深入到那迷宫中去，我们观察到：当妇女经历被黑人强奸的幻觉时，这可以说是一个个人梦想的实现，是一个内心的希望。意识到自己反对自己的现象，就是妇女自己侵犯自己。我们在妇女们于性交过程中对另一方说“弄疼我”这一不足为奇的事实中，找得确证。她们只是表达这个想法：把我弄疼，换作是我的话，我也会这么做的。被黑人强奸的幻觉是这种表述的不同说法：“我希望黑人将我开膛破肚，就像我想对其他女性做的那样。”有人在接受我们对白人女性的心理-性欲的结论时可能向我们要求我们对有色人种妇女提出一些建议。我们对此一无所知。至少我们能提出的是对于我们将称之为近乎白人的许多安的列斯女人来说，

① 玛丽·博纳帕特：《论妇女的性欲》，载《法国精神分析杂志》，1949 年 4—6 月，第 180 页。

侵犯者是由塞内加尔人，或至少是由一个下等人代表的。

黑人等同于生殖器官。是否这就是全部故事？不幸的是，并非如此。黑人是另一回事。这里我们再一次提到犹太人。性器官把我们区分开来，但我们有个共同点。我们两种人都代表邪恶。黑人更甚，理由就是肤色黑。人们是不是在象征学中说，白色正义、白色真理、白色贞洁呢？我们认识一个安的列斯人，他在谈论到另一人时说："他的身体是黑的，他的舌头是黑的，他的灵魂也必然是黑色的。"白人每天都在贯彻这个逻辑。黑人是邪恶和丑陋的象征。

亨利·巴鲁克先生在其《精神病学新概要》中[①]，描述了所谓的反犹太精神病。

> 在我们的一个病人身上，谵妄的粗鲁和猥亵超出法语所能表达的一切东西，并且表现出明显的同性恋影射[②]，其主题转移了内心的羞愧，把羞愧转移到替罪羊犹太人头上，他呼唤对犹太人进行大屠杀。另一个病人，由

---

① 马松出版社，1950 年，第 371 页。

② 我们很快地提一下，我们在马提尼克岛没有观察到明显的同性恋现象。我们应当看到安的列斯岛没有那种恋母情结的后果。人们确实知道同性恋的略图。然而让我们回想一下在那儿叫作"打扮成夫人的男子"或"我的大姐"的生活。他们大部分时间穿一件上衣和短裙。但我们仍然深信他们有正常的性生活。他们像随便哪个朝气蓬勃的男子汉那样喝潘趣酒，也无法不对女人——鱼贩和蔬菜商——动心。相反在欧洲我们见到几个成为同性恋的同志始终是被动的。但这丝毫不是神经症的同性恋。这对于他们是个权宜之计，就像皮条客的办法对于别人那样。

于1940年事件促使他谵妄突然发作，显出对犹太人的强烈仇视，以致有一天在一家旅馆里怀疑隔壁房间的旅客是个犹太人，夜里他冲进那旅客的房间去痛打他……

另一个病人，体弱多病，得了慢性结肠炎，因自己的身体不好而感到丢脸，最后把这归因于中了‘细菌液’的毒，这种液体是由一家他先前待过的医院里的护士给他喝的，——一位反教权主义的共产党护士，他说，他们因他的观点和天主教信仰而曾想惩罚他。他到我们科里，为了躲避一个‘工联主义成员’，认为自己逃出狼窝又入虎穴，越来越糟，因为他认为落在一个犹太人的手中。这个犹太人肯定只能是个强盗、一个凶恶的人、一个什么罪行都能犯下的人。

这个犹太人，面对这愈演愈烈的挑衅行为，得摆出战斗姿势。这是萨特描述的二重性。《对犹太人问题的思考》中的某几页写得前所未有的好。说是最好的，那是因为它们表达的问题说到我们的心坎里。①

① 我们特地想到这一段：“因此，这个男子就是这样，被逼得走投无路，被迫在错误问题的基础上和在错误的境况中决定自己，被他周围社团那危险的仇恨剥夺了超验的感觉，陷入绝望的唯理论。他的生活只是长期逃避他人和自己本人，别人使他变成奴隶，直至他自己的身体，把他的感情生活割成两半，迫使他在一个抛弃他的世界中追寻一个不可能的普遍友谊之梦。这是谁的错？是我们的眼睛超出了他那难以接受的形象，他不想承认这形象。是我们的言谈和所作所为——所有我们的（转下页）

那个犹太人(真实或不真实的)被那“坏蛋”打死了。局面成了这样,因此他所做的一切都被指定为搬起石头砸自己的脚。因为犹太人自然是自己选定的,且他有时会忘了自己的犹太人身份,或忘了掩盖这身份、隐藏这身份。因为他当时承认雅利安语系有价值。有善良就有邪恶。邪恶是犹太人的。所有犹太人的东西是丑陋的。我们不要再是犹太教徒。我不再是犹太教徒了。打倒犹太人。——在这种情况下,他们是最好斗的。就好像巴鲁克的这个病人得了迫害狂症,他有一天看见一个佩戴黄星标记的人,挑衅地打量他并轻蔑地高声道:“喂!先生,我啊,我是法国人。”而这位女病人则说:“她的一个教友在我们的同事达德博士的科室治疗,这位教友成了别的病人讥笑和令人不愉快意见的对象。一个非犹太病人替她说话。那第一位病人于是便轻蔑地对待那位替犹太人说话的病人,并把所有反犹太主义的恶意中伤都泼在她头上,同时试图摆脱这个犹太女人。”①

这里我们有个反应现象的好例子。犹太人为了反抗反犹太主义,自己变成反犹太主义者。这就是萨特在《缓期》中所指出

(接上页)言行、我们的反犹太主义,但也完全是我们的屈尊俯就的宽容大度——毒害了他,一直毒害至骨髓;是我们迫使他决定自己是犹太人,‘或者他自我逃避,或者他自我承担’,是我们把他逼到这不真实或真实的进退两难的地步……这一类人比其他人更加‘显示出’是一个人,因为这类人诞生自人类内部的次要反应,这一长得难看、背井离乡的人类精髓一开始就注定是不真实的,是受苦受难的。我们中没有一个在这样的情况下是完全有过错甚至是有罪的;纳粹使犹太人流淌的血倾泻在我们所有人的头上。”(第177—178页)

① 巴鲁克:《精神病学新概要》,第372—373页。

的,书中比南夏兹以一种近乎谵妄的强度活在他的否认中,这谵妄几近疯狂。我们将在下文看到这样的描述并不太过分。那些到巴黎来的美国人看到那么多的白人女性在黑人的陪伴下,惊讶不已。在纽约,西蒙娜·德·波伏娃由于跟理查德·赖特一起散步,使得一个老太太要她遵守秩序。萨特说:"人们需要的是替罪羊,在这儿,需要的是犹太人,在别处则是黑人。"巴鲁克也表达了同样的意思:"只有当人类知道放弃替罪羊的情结时,仇恨的情结才得到释放。"

错误、有罪、对有罪的拒绝、妄想狂,我们重新处于同性恋的地位。简而言之,别人所描写的犹太人的情况完全应用到黑人身上了。①

好—坏、美—丑、白—黑:这就是现象的一对对特点,迪德和吉罗的表达重新采用了这些特点,我们把这叫作"谵妄性的善恶二元论"②。

只看黑人的典型,把仇视犹太人和敌视黑人进行比较,这似乎就是这里所犯的分析错误。当我们对某人谈论我们的工作时,他问我们对这工作有什么期待。自从萨特的决定性研究

① 玛丽·博纳帕特就这样写道:"反犹太主义者把自己所有的多少有点无意识的本能都扔到犹太人头上,把这些本能都归咎于犹太人……因此,他们通过把自己的重负卸在犹太人肩上来洗刷自己,并完全一干二净地出现在自己眼前。犹太人就这样出色地听凭安排为魔鬼的投影……在美国的黑人也承担这样规定的职能……"(《战争之谜》,第145页,注I)

② 《开业医生的精神病学》,1922年,第164页。

《文学是什么?》(《形势》Ⅱ)发表以来,文学越来越投入到它唯一真正**当今**的任务中去,这任务是使集体过渡到思考和调停:这工作想成为发展基础的一面镜子,黑人正在镜中摆脱束缚。

当"人的最低标准"不再存在,文化也就不复存在。班图人认为的"蒙图就是力量"对我无关紧要,——或至少这本可能引起我的兴趣,只是某些细节困扰着我。人们从别处读道:

> 1946年,在七万五千个黑人矿工罢工时,国家警察局用开枪和刺刀强迫他们复工。有二十五人死亡,几千人受伤。
>
> 斯马茨(Smuts)在当时是政府的领导人和和平大会的代表。在白人的农场里,黑人劳动者几乎像农奴般地生活。他们可以把家眷带去,但没有白人主子的准许任何人不能离开农场。如果他离开,警察局就会得到通知,他会被强行带回并遭鞭打……
>
> 依照《关于土著的行政管理的条例》,总督作为最高领导,对非洲人有专制权。他可以宣布逮捕和监禁一切被认为危害公共安全的非洲人。他可以在随便哪个土著的居住区禁止十人以上的集会。对于非洲人,没有人身保护法。不管什么时候进行的大量逮捕都是没有依据的。

> 南非的非白人居民走投无路。所有现代形式的奴隶制阻碍他们逃过这灾难。尤其对于非洲人,白人社会打破了他们的旧世界却没有给他们一个新世界。它摧毁了黑人生活的传统的部落基础并在关闭了过去的道路后,又将未来的道路挡了起来……
>
> 南非的种族隔离企图禁止黑人作为独立和自由的力量出现在现代史上。①

在读到以上这些时,对班图人的本体论的思考意味着什么。我们很抱歉做此长段摘录,但它强调了一些黑人可能犯的错误。例如阿利乌纳·迪奥普在其《班图人的哲学》的引言中指出班图人的本体论不了解欧洲的这种形而上学的不幸。然而他从中得出的结论却很危险:"提出的两面性问题——黑人的天性是否应当培养使其具有独特性的东西,灵魂的青春,对人和造物的天生尊重,生活的乐趣与和平,这种和平丝毫不是强加于人,歪曲人类并由心理卫生来忍受的,而是同生活难能可贵的尊严和谐一致的……人们也思忖黑人能给现代世界带来什么……我们能说的是,被设想作为革命意志的素养观念本身是同我们那作为进步观念本身——我们的天性——背道而驰的。只有在我们

① 斯金:《南非的种族隔离》,载《现代》,1950 年 7 月。

对生活、自然条件有些抱怨时,进步才会烦扰我们的意识。”注意!当班图人的生活处于非存在地位,处于不可捉摸的状态时,这不是在他们思想中重新找到存在的问题。① 当然,班图人的哲学不能从革命意志的角度来理解:这恰恰是由于班图社会是封闭的,我们在其中没有发现剥削者与力量的本体关系的替代作用。然而,我们知道班图人的社会不再存在。而种族隔离并没有本体论的意义。这样的丑闻够多了。

一段时间以来,人们对于黑人谈论得很多,甚至过多了。黑人想要别人忘掉他们,以便重新组织他们的力量,他们真正的力量。

一天他们说:“我那黑人性格既不是一座高塔……”

而有人来把他们希腊化,俄耳甫斯化……这个黑人寻求全世界。他们追求全世界!但在1950年6月,巴黎的旅馆拒绝接待黑人旅客住宿。为什么?非常简单,因为盎格鲁-撒克逊的顾客(正如每个人都知道的他们有钱和敌视黑人)有可能会因此搬走。

黑人追求普遍性,但在银幕上,人们保持了黑人的原汁原味,黑人的“本性”:

始终是仆人

① 参见阿兰·帕顿的《啊,亲爱的故乡,哭泣吧》。

总是卑躬屈膝和面带笑容
我，从不偷窃，从不撒谎
永远说蹩脚法语……

黑人想要获得普遍性，但在巴黎的圣路易中学，人们辞退一个黑人：因为他十分冒失地读了恩格斯的著作。

这里有悲剧，黑人智者也有可能陷入其中。

怎么？我刚刚睁开被人蒙住的双眼，而别人已经要把我淹没在普遍性中？其余的人呢？那些“毫无嘴巴”“无声无息”的人……我需要消失在自己的黑人性格中，需要懂得骨灰、种族隔离、镇压、强奸、种族歧视、抵制。我们需要用手指触摸黑人仆人那一道道被划开的伤口。

人们已经看到阿利乌纳·迪奥普在思考黑人的天性在全世界的合唱团中处于什么地位。然而，我们说在现在的条件下不可能产生一个真正的文化。当人类重新找到自己真正的位置时会谈到黑人的天性的。

我们会再次求助塞泽尔；我们想要许多黑人知识分子从中得到启发。我也应该反复对我自己说：“尤其是我的身体和我的心灵，你们不要摆出事不关己高高挂起的态度而袖手旁观，因为生活不是演戏，因为苦海不是前台，因为一个叫骂的人不是一只跳舞的熊……”

在继续清点现实，努力确定凝聚象征的时候，我很自然地处于荣格的心理学的大门前。欧洲文明的特点是在荣格所说的集体无意识的内部出现原型：表达恶劣的本能、完全自我的固有的阴暗心理、没有教养的野蛮、潜伏在一切白人心中的黑人。荣格确认曾在未开化的居民处观察到同他复制的略图一样的心理结构。但我个人认为荣格搞错了。况且，他认识的所有居民——亚利桑那州的印第安人部落或在英属非洲的肯尼亚黑人——都多少跟白人们有创伤性的接触。我们在前面说过安的列斯青年在其萨拉文化（salavinisations）中绝不是黑人；我们曾试图说明这种现象与什么相对应。荣格确定了集体无意识处在遗传的脑体中。但集体无意识不需要求助基因，它完全只不过是偏见、幻想、一个确定的群体的集体态度总和。当然，在以色列定居的犹太人在不到一百年间所产生的集体无意识，同1945年在他们被从那儿驱逐出去的那些国家中的犹太人集体无意识是不同的。

在哲学讨论方面，有人在这里提出本能和习惯的老问题：本能是天生的（人们知道必须对"先天性"持有这样的看法），不变的，特有的；习惯则是后天的。在这方面我们只要指出荣格把本能和习惯弄混了。果然，按他的说法，集体无意识是与大脑结构相关联的，幻想和原型是一个种族永久的印迹。我们希望能证明事实并非如此，我们想证明事实上这个集体无意识是文化的,就是说是后天的。同样,一个喀尔巴阡山脉的乡下青年,在当地的物理化学的条件下会看到自己出现黏液水肿,同样一个像勒内·马朗那样的黑人,曾在法国生活过,表现出并被纳入了种族主义的欧洲幻想和偏见,领会了这个欧洲的集体无意识,如果他具有两重性,我们则只能看到他仇恨黑人的一面。必须慢慢来,悲剧在于必须逐渐地展示在他们的整体性中呈现的机制。人们能理解这个建议吗? **在欧洲,黑人代表着邪恶**。应当慢慢来,这我们知道,但这很困难。刽子手是黑人,撒旦的皮肤是黑色的,人们谈到愚昧黑暗,如果一个人脏了那他就是黑色的,这一点适用于身体肮脏或精神肮脏。如果有人费神把大量使黑人变成罪孽的表达法集中起来,人们会大吃一惊的。在欧洲,黑人具体地,或象征性地代表了性格不好的一面。如果人们没有明白这个结论,关于"黑人问题"的讨论就注定徒劳无功。黑色、黑暗、阴影、愚昧、黑夜、地下迷宫、深不可测,这些词给某人的声誉抹黑;而另一方面:天真无邪的明眸、和平白鸽、仙境般的、天堂的光明。一个金黄色头发的漂亮孩子,在这说法中包含多少的和平、欢乐,尤其是含有多少的希望啊!同一个漂亮的黑孩子毫无可比之处:这实在是件非同寻常之事。我还是不打算重新考虑黑天使的故事。在欧洲,即在所有的文明和开化的国家里,黑人象征着罪孽。黑人代表道德标准低下的原型。人们在德苏瓦伊(Desoille)的《醒来的梦》中所发现的正是这同样的矛盾。

如何解释黑色的无意识被用来代表品质低劣和下等？在德苏瓦伊的作品里，没有文字游戏，情景更加清楚，始终涉及上升或下降。当我下去时，我看到岩穴、山洞，一些野蛮人在那里跳舞。尤其——但愿没搞错——在德苏瓦伊传递给我们的一场醒来的梦中，我们在一个岩穴中遇见一些高卢人。但应当说高卢人是憨厚老实的……一个高卢人在一个山洞里，这好像有种家庭气息，可能是“我们父辈高卢人”带来的后果……我认为要明白某些精神的现实就必须再变回孩子。在这方面，荣格就是个发明者：他要到世界的青春时代去。但他犯了严重的错误：他只是到达了欧洲的青春时代。

欧洲的无意识的最深处制造着极其卑劣的杂交，其中潜伏着最不道德的冲动、最不可公开承认的欲望。由于一切男人向白皮肤和光明攀升，欧洲人便想要摒弃其中企图自卫的非文明人，当欧洲文明同黑人世界，同这些野蛮人民族接触时，大家都同意：这些黑人是邪恶的根源。

荣格经常把外国人与难理解、不良倾向相似对待：他完全有道理。这个发射机制——或我们愿意称其为传递性机制——由传统的精神分析加以描述。如果我发现自己作品中有些不寻常的、应受指摘的东西，那么我只有一个解决办法：摆脱它们，把其作者资格推给另一人。这样，我结束可能会破坏我平衡的往复紧张。在开头几场的清醒梦中，我们应该当心，因为太快地下降并不好。在同无意识完全接触之前，主体就应当了解升华的所有部件。如果在第一场梦，出现一个黑人，我们应该马上摆脱他；为此，向你的主体提议一座楼梯、一根绳子，或劝说他坐直升机让人带走。黑人必然留在他的洞里。在欧洲，黑人有一个功能：代表低级感情、不良倾向、心灵的阴暗面。在**西方人**的集体无意识中，黑人——或如果愿意，我们称其为黑肤色——象征邪恶、罪孽、贫困、死亡、战争、饥荒。天下乌鸦一般黑。在马提尼克岛——它因集体无意识而是个欧洲国家，当一个“肤色发青”的黑人拜访你时，人们说：“他会带来什么倒霉事？”

集体无意识并不取决于大脑的遗传：它是我称为“轻率的文化强制”的结果。因此，一个安的列斯人在接受清醒梦的方法时，会重温与欧洲人同样的幻想，这没什么令人惊讶的。因为安的列斯人有着与欧洲人同样的集体无意识。

如果明白了前面所说的，就能够得出下面的结论：安的列斯人敌视黑人是正常的。出于集体无意识，安的列斯人把欧洲人的所有原型都看作是自己的。安的列斯黑人的“灵魂”几乎总是白人女性。同样安的列斯人的“愿望”总是白人男性。因为在阿纳托尔·法朗士、巴尔扎克、巴赞或“我们的”某个小说家的作品中，都没有提及这个虚无缥缈，却又真实存在的黑人女性，也不提及眼睛炯炯发光的黑人阿波罗……可我被出卖了，我谈到了阿波罗！什么都不用做：我成了白人，然而，我不自觉地怀疑我身上的黑色东西，就是说怀疑我内心的全部东西。

我是个黑人——但当然我不会意识到这一点，因为我就是。在家里，我母亲用法语给我唱法国抒情歌曲，歌中绝不涉及黑人。当我不听话，太吵闹时，家里人叫我别“像个黑人”。

稍后，我们读白人的书，我们逐渐吸收欧洲灌输给我们的成见、梦想、民间传说。但我们不会接受一切，某些成见在安的列斯群岛行不通。譬如，这里不存在反犹太主义，因为岛上没有或只有很少的犹太人。如果不诉诸集体宣泄这一观念，我能很容易地指出是黑人轻率地将自己选定为可能带来原罪的客体。对于这一角色，白人选择黑人，而当白人的黑人也选择了黑人。安的列斯黑人是这个文化强制的奴隶。在当了白人的奴隶之后，他们又自我奴隶化。黑人从一切词义上来说，是白人文明的牺牲品。安的列斯诗人的艺术创作不具有特有的痕迹，这没有什么令人大惊小怪的：这是白人的创作。为了回到精神病理学上来，我们应该承认黑人感受到了一种含糊不清的特别神经症。二十岁时，即在集体无意识有点儿消失的时候，安的列斯人发觉自己生活在错误中。为什么这样？仅仅因为被认作是黑人，而这点十分重要，但由于伦理道德的逐渐转变，他发觉（集体无意识）如果一个人是坏的、懦弱的、邪恶的、听从本能的，那么他就是个黑人。同这些成为黑人的举止相对立的一切都是白人。这就是安的列斯人敌视黑人的根源。在集体无意识中，黑皮肤等于丑恶、罪孽、愚昧、不道德。如果我在生活中表现为有道德的人，那么我一点也不是个黑人。在马提尼克岛，这观点产生出一个习惯：说到一个白人不好时就说他有黑人的心肠。肤色无关紧要，我甚至看不见，我只知道一件事，就是我良心的纯洁和我灵魂的清白。另一人说“我白得像雪一样”。

文化强制在马提尼克岛轻而易举地实行。伦理道德的逐渐转变并未遇到障碍。但真正的白人在等待着我。他将在第一时间告诉我单单拥有成为白人的愿望是不够的，而是必须实现整体是白人的。只是在此时我才会意识到背叛——我们来总结吧。一个安的列斯人出于集体无意识、出于大部分的个人无意识和几乎是他全部的个性形成的过程而成为白人。他的皮肤是黑的，荣格在其作品中未提及这一点。所有的不理解都来自这个误解。

当塞泽尔在法国攻读他文学学士学位时，他“重新发现自己的懦弱”。他知道这是懦弱，但他从不能找到原因。他觉得这很荒谬、愚蠢，我甚至要说这不健康，但在他的任何一本著作中，我们都找不到这种懦弱的机制。这是因为他不得不否定目前的情况并试图以孩子的心灵去理解现实。电车里的黑人滑稽且丑陋。塞泽尔当然觉得很有趣。因为这个真正的黑人和他没有什么共同之处。在法国的一个白人圈里，出现了一个漂亮的黑人。如果这是个知识分子圈子，这个黑人肯定会试图使人接受自己。他请别人别注意他的皮肤，而是注意他知识的力量。

在马提尼克岛，许多二三十岁的人开始研究孟德斯鸠或克洛岱尔，唯一的目的是引用他们的著作。因为他们打算通过熟悉这些作家使人忘记他们的黑色。

道德心包含一种分裂，一种意识的中断，光明部分反对阴暗部分。为了道德的存在，必须让黑色、阴暗、黑人从意识里消失。因此，一个黑人随时在与他的形象做斗争。

如果用同样的方式，我们接受埃斯纳尔先生对道德生活的科学概念，如果从错误、犯罪出发去理解疾病领域，那么一个正常的人将是一个将自己从这种犯罪感中解脱出来的人，他将能无论如何都不会受到这种负罪感的折磨。更直接地说，一切个人应该把他低级的迫切要求、他的冲动算在低劣基因的账上，这基因将是他所属的文化的基因（我们看出来这是黑人）。这种集体犯罪应当由所谓的替罪羊来承担。然而，替罪羊对于建立在进步、文明、自由主义、教育、光明、灵敏这些梦想的基础上的白人社会而言，正是反对这些梦想的扩张和胜利的力量。这股粗暴和敌对的力量正是黑人提供的。

安的列斯社会里的梦想同第戎或尼斯社会的梦想一样，黑人青年与文明人同化，使黑人成为其精神生活的替罪羊。

我是在十四岁时懂得现在所谓的文化强制的价值的。我以前有个同学，后来他去世了，他的父亲是意大利人，娶了一个马提尼克岛女子。这个人在法兰西堡居住了二十多年。人们把他看作是个安的列斯人，但在私底下，人们都记得他的原籍。然而，在法国，意大利人在军事上一文不值；一个法国人顶十个意大利人；意大利人不勇敢……我的同学生于马提尼克岛并只与马提尼克岛人往来。某一天蒙哥马利将意大利军队逼到了班加西，我想在地图上查明盟军的前进路线。面对可观的地面进展，我热烈地欢呼："你们拿下了多大的阵地啊！……"我的同学——他不可能不知道他父亲的籍贯——极其尴尬。况且我也是。我们两人都是文化强制的牺牲品。我深信明白这现象及其所有后果的人将确切地知道在何方找到解决办法。听听那叛逆者所说的：

> 他向上爬……他从地底深处向上爬……黑色波浪翻滚……浪嘲咆哮……动物气味的沼泽……雷雨从裸露的脚下泛起泡沫……总是麇集了从小山的羊肠小道滚滚而下的其他泡沫，攀登猥亵和荒凉的湍流沟壑，这些沟壑因混沌的河流、腐蚀的大海、汹涌的大洋而扩大，在大刀的炭黑色和劣质烧酒的笑声中扩大……

懂了吗？塞泽尔**下来了**。他同意了观看发生在最深处的事，而现在他可以往上走了。他开始成熟了。但他没有把黑人留在下面。他把黑人扛在肩上并将其捧上天。在《回乡笔记》

中,他已经告诉我们了。这是上升的心理,为了重新运用巴歇拉尔的话[1],他选择了:

……

为此,牙齿洁白的主子们,
脖子易折断的男人们
接受和理解三方面的必然的平静
和我这方面的舞蹈
我那邪恶黑人的舞蹈
属于我自己的舞蹈
打破枷锁的舞
逃离监狱的舞
“作为黑人是美好和合法”的舞
属于我自己的舞且太阳在我手掌上跳动
但是不平等的太阳不再满足我的需要
风啊,围着我新的成长起舞吧
停息在我整齐的手指上吧
我把我的良心及其肌肉节奏交给你
我把照亮我弱点的火交给你

---

① 《环境和梦想》。

我把一群囚犯的锁链交给你
我把沼泽地交给你
我把三角形环行的外人观光局交给你
吞吧,风
我把我那粗鲁的话交给你
吞吧！然后环绕着我
在卷起来时用更大规模的战栗拥抱我吧
拥抱我直到我们变得狂怒
拥抱吧,拥抱我们吧
但同样地把我们咬得出血
拥抱吧,我的纯洁只和你的纯洁相连
结合在一起
但晚上拥抱我们多彩的纯洁
捆吧,把我捆起来吧,不用内疚
用你那由发亮的黏土制成的宽阔胳膊
把我捆起来吧
把我黑人的颤抖就绑在世界的肚脐上
捆吧,把苦涩的博爱与我捆绑在一起
然后,用你群星的套索把我勒死
飞吧,白鸽
飞,飞,飞吧

我跟着你,在我祖先的白色角膜留下印记
上升吧,讨好上苍之人
我想将自己淹没在黑色的大洞中
另外那个月亮
在那里我想现在钓到夜晚那
不吉祥的用语
黑暗似铁板一块一动不动![1]

人们明白了为何萨特在黑人诗人的马克思主义立场中看到了他们黑人性的逻辑性结局。这确实就是所发生之事。由于我发觉黑人是罪孽的象征,我开始仇恨黑人。但我看到自己也是个黑人。为了逃避这个冲突,有两个解决办法。要么我请求别人别注意我的皮肤;要么相反,我要别人注意到我是黑人。于是我试图提高不好的东西的价值——既然我不假思索地同意黑色是罪恶的颜色。为了结束这神经症的处境,在这处境中我不得不选择一种不健康的、冲突的、怀有幻想的、对立的、不人道的解决办法,归根结底,——我只有一种解决办法:远离别人在我周围策划的这个荒谬的悲剧,撇开这两个同样不可接受的结局,并通过特定的个人获得普遍性。当黑人跳下时,换句话说,他下来

① 埃梅·塞泽尔:《回乡笔记》,第94—96页。

时,就会引发某种异乎寻常的事。

再听听塞泽尔的诗:

啊! 啊!
他们的力量是十分稳固的
一致确认的
是被需要的
我的双手沐浴在稀疏的欧石楠丛中
在喁喁私语的稻田中
且我有一瓢稠密的星海
但我软弱。哎! 我软弱。
帮帮我吧。
现在我又处于变化状态
陷于困境,盲目的
害怕我自己,对我自己担惊受怕
诸神……你们不是神。我是自由的。

叛逆者。——我同今夜有约定,从我二十岁起我感到这夜晚慢慢地向我走来,向我呼唤……①

① 埃梅·塞泽尔:《神奇的武器》,144页;《狗不作声了》,122页。

塞泽尔重新发现了这个夜晚，即他身份的含义，塞泽尔首先指出：

“人们把树干根部刷白毫无意义，下面树皮的力量在呼叫……”

然后，一旦白人的元素在他身上暴露，他就杀死他：

> 我们把门强行打开。主人的房间大开着门。里面灯光辉煌，主人在房里十分镇静……我们的人停步不前……这是白人主子……我进去了。他十分镇静，对我说，是你啊……是我。我对他说，正是我，那个好奴隶，忠实的奴隶，盲目服从的奴隶，突然他的眼睛像雨天时两只受惊的小动物……我打他，血喷溅出来：这是我记得的唯一的**洗礼**。[①]
>
> 通过一场出乎意料却有用的内部革命，他现在敬重自己的极端丑陋。[②]

还有什么需要补充呢？黑人听任自己走到自我毁灭的边界以后，小心翼翼地或爆发性地要跳入“黑洞”，从洞里爆发出黑人的大声疾呼，这呼号来势汹汹，足以撼动世界的根基。

欧洲人既知道又不知道。在自我感知的层面上，黑人就是黑

---

① 埃梅·塞泽尔：《回乡笔记》，第136页。
② 同上书，第65页。

人;但在无意识中,黑人-野蛮人的形象,牢牢地扎根于无意识里。我可以举出不是十个而是几千个例子。乔治·穆南在《非洲影响》中说道:“我有幸在社会学课程中没有通过莱维-布鲁尔(Lévy-Bruhl)的《原始精神状态》去发现黑人;更宽泛地说,有幸以阅读之外的方式去了解黑人——我每天为此感到高兴……”①

人们不会把穆南看作是个普通的法国人,他补充道,并借此跌入我们的视野:“我可能已经明白了,在人们思想上没有偏见的时候,黑人是和我们一样的人……我这个白人,大概有可能始终自然地和黑人在一起——并决不在面对他时摆出一副愚蠢和微妙的人种志调查者的样子,这种样子经常意味着我们用一种难堪的方式将他们放回自己的位置上……”

在同期的《非洲影响》中,不可能被怀疑是仇视黑人的埃米尔·德曼汉写道:“我的一个童年回忆是参观1900年的世界博览会,在参观时我主要关心的能否看到黑人。我的想象自然是由阅读激发出来的:《十五岁的船长》《罗伯特历险记》《利文斯通旅行记》。”

埃米尔·德曼汉对我们说这表达了他心中对异国情调的爱好。如果我准备好相信这个写文章的德曼汉,我就要他允许我去质疑那个1900年博览会上的德曼汉。

---

① 对关于《黑人的幻想》的调查的初步回答,载《非洲影响》,第2期。

我下定决心要重新提起人们争论了五十年的题材。写关于黑人友谊的可能性是个宽厚之举,可是很不幸,那些仇视黑人者及其他一丘之貉是排斥这种宽厚的。当我们读到“黑人是个野蛮人,而引导野蛮人只有一种方法:踢屁股”时,我们认为“所有这些愚蠢的话都应该消失”。但大家都同意这一点。雅克·霍莱特在《非洲影响》(第5期)中写道:“另外,似乎有两件事对黑人在世界上远离别人起了作用,但这与我毫不相关:他的皮肤颜色和他的赤身裸体,因为我想象的黑人是赤身裸体的。——当然,一些表面因素(尽管人们不会说他们会在多大程度上不继续同我们的新思想、我们修改过的观点打交道)有时能适用于这个遥远的、几乎不存在的裸体黑人;戴着小圆帽、挂着费尔南代尔[①]式的咧嘴微笑,某种含巧克力的早点的象征,善良的黑人就是这样的,他还像塞内加尔的勇敢士兵,‘禁令的奴隶’、没有威严的堂吉诃德、一切属于‘殖民地史诗’范畴的‘好孩子角色’,最后,他就像‘要转变的’黑人、‘长胡子传教士’的‘听话儿子’。”

雅克·霍莱特在其学术报告的下文中告诉我们他曾通过反应使黑人成为纯洁的象征。他向我们解释其中的道理,但我们不得不认为他不再是八岁,因为他对我们谈及“性的不良意识”和“唯我论”。此外我深信雅克·霍莱特把这个“成年人的纯

① 费尔南代尔(1903—1971),法国演员和歌手。——译注

洁”丢在他身后远处，丢得很远很远。

毫无疑问，最有意思的证明是米歇尔·萨洛蒙所做的。尽管他否认，他还是发出种族主义的臭味。他是犹太人，他有“反犹太主义的千年经验”，可他却是个种族主义者。你们听听这个：“但是，我们否认在他的皮肤和头发中，在他（黑人）散发的好色气息中，有某种吸引人的或令人厌恶的拘束，这就是凭着那从来什么也解决不了的荒谬的假正经，无视显而易见的事实……”更有甚者，他甚至跟我们谈到“黑人那惊人的生命力”。

萨洛蒙先生的研究告诉我们他是医生。他应当警惕这些非科学的文学观点。日本人和中国人比黑人的生育力强十倍：他们因此就是好色的？再说，萨洛蒙先生，我正要向您交代：我从未能在听到一个男人说另一男子“他多么好色啊！”时而不恶心的。我不知道一个男子的好色是怎么回事。你们想象一下一个女人说另一个女人：“她极其性感，这个漂亮而没有头脑的女人……”萨洛蒙先生，黑人既不通过他的皮肤，也不通过他的头发散发出好色气息。只不过，长期来好色和生殖的黑人生物形象日日夜夜地摆在您面前，而您不知道摆脱这形象。**眼光**并不仅仅是镜子，而是用来矫正的镜子。**眼光**应该允许我们改正文化的错误。我不说眼睛，我说**眼光**，我们知道这眼光反映什么，不是裂隙，而是这种从凡·高的红色中出现的，从柴可夫斯基的一支协奏曲中掠过的相同的闪光，它绝望地紧紧抓住席勒的

《欢乐颂》,它听凭自己被塞泽尔那蠕虫般的大口吞下。

黑人的问题并不会导致生活在白人中间的黑人的问题,而是引起了受剥削、被奴化、受资本主义社会、殖民主义社会蔑视的黑人的问题。萨洛蒙先生,“如果您在法国有 80 万黑人”,您打算做什么？因为对您来说有一个问题,黑人高升的问题,黑人危害的问题。马提尼克岛人是法国人,他想待在法兰西联邦内部,他只要求一件事,就是那些傻瓜和剥削者允许他人道地生活。我清楚地看到自己迷失了,淹没在萨特,或阿拉贡这样的白色洪流中,这对我再好不过了。萨洛蒙先生,您说什么也捞不着了,我们同意您的意见。但我也没有打算随便娶一个欧洲女人来放弃自己的人格;我对您肯定地说我不干这“受骗上当的交易”。如果有人闻我的孩子们,如果有人检查他们的指甲上的月牙,这仅仅因为社会没有改变,因为正如您说的那样,社会把它的神话保存得完好无损。至于我们,我们拒绝考虑关于方式的问题：或者,或者……

这个黑皮肤的民族、黑人国家的历史是什么？我是法国人。我被法国文化、法国文明、法国人民吸引。我们拒绝把自己看作“旁人”,我们完全处于法国剧情中。当一些不是彻底的坏人,而是受蒙蔽的人侵入法国来控制它时,我的法国身份向我指出我的位子不是在旁边,而是在问题的中心。就个人而言我与法国的命运、法国的价值、法国民族有利害关系。我这个属于黑皮肤帝国的人，该做什么呢？

乔治·穆南、德曼汉、霍莱特、萨洛蒙十分愿意就关于黑人传说的起源的调查做出回答。我们大家深信一件事。对黑人现实的真实把握不得不以牺牲文化结晶为代价。

最近，我在一份儿童报上读到这句话："这是我的祖先烧煮你们的祖先的那口大锅。"这句话是一幅图画的说明文字，图中画着一个年轻的黑皮肤童子军向三四个白人童子军介绍一个黑人村落。人们很想承认不再存在吃人肉的黑人，但我们记着这事……不过说到底，我认为这位作者是在无意识中帮助黑人。因为读这段话的白人孩子不会把黑人想象为正在吃白人的人，而是已吃过白人的人。毋庸置疑，这已经算是进步。

在结束这一章之前，我们想分享一份病例，这要归功于圣伊利精神病医院的妇科主任医师的帮助。这份病例阐明了我们在这里捍卫的观点。它说明黑人的幻想、黑人的思想走向了极端，达到了真正的精神错乱。

B 小姐于 19××年 3 月进这个科时是十九岁……档案上注明如下："我，署名人，P 博士，前巴黎住院实习医生，证明曾对 B 小姐做过检查，她患神经错乱症，包括烦躁不安的发作、运动不稳、肌肉抽搐、有意识但不能克制的痉挛。这些错乱越来越厉害并妨碍她过正常的社会生活。她需要在一家由 1838 年的法律决定自愿出资的医院内住院观察。"

主任医师开出的二十四小时的证明书："该患者从十岁起得了突出肌肉抽搐的神经症，病情随着青春期和最初的户外工作而加重。带有焦虑不安的短暂的忧郁症，伴随着症状的再发作。肥胖症。要求治疗。同别人在一起很放心。门诊病人。有待保持原状。"

在那些个人的过去病史中，没发现任何病理过程。只记住十六岁时的青春期。体检没检查出什么，除了脂肪蓄积、表皮上少许的溃疡，使人想到轻度的内分泌不足。经期有规律。

一次谈话使我们明确了下面几点：

"尤其是在我工作时会出现肌肉抽搐"（病人住院了，因此生活在家庭环境之外）。

眼睛、额头抽搐；气急，走投无路。睡觉很好，不做噩梦，吃得好。来月经的时候也不神经紧张。上床时，在睡着前，面部肌肉抽搐频繁。

看护的意见：她单独一个人时尤其如此。当她和别人在一起或谈话时，症状就会减轻。抽搐取决于她做的事。她以跺脚开始，不断同时抬高两边的双脚、腿、手臂、肩膀。

她发出一些声音，但别人从未能听懂她说什么。别人一叫她，她就停止。

主任医师开始几次清醒梦。一场预备好的谈话展示了存在可怕的圆圈形式下的幻觉症，医生要病人回忆这些圆圈。

下面是第一次汇报的摘要：

圆圈深而集中，按黑人的鼓的节奏扩大和缩小。这鼓声表示她有失去双亲，尤其她母亲的危险。

于是我要她对这些圆圈画个十字，它们没消失。我叫她拿块抹布把它们抹去，它们消失了。

转向鼓声那边。她被半裸的男男女女围了起来，他们可怕地跳着舞。我叫她别怕进入这个跳舞圈子。她这么做了。这些跳舞的人立刻改变面貌。这是个吵吵嚷嚷的集会。男女穿着整齐并跳着一个华尔兹舞：雪之星。

我叫她走近圆圈：她便再也见不到这些圆圈了。我叫她回忆这些圆圈；它们重新出现，但是断开了。我叫她由开口处进入圈子。她本能地回答说，我不再是被完全包围了，我可以走出来了。圆圈碎成两半，然后碎成好几段。只剩下两段消失了。她在叙述时喉咙和眼睛抽搐得厉害。

一系列的谈话治疗将她从运动的动荡不定引导到镇静。

下面是另一次谈话治疗的摘录：

我叫她回忆那些圆圈。她看不见。后来看见它们在那儿。它们被打破了。走到里面。它们断裂、升起，然后慢慢地纷纷掉入虚空。

我叫她听听鼓声。听不见。有人叫她，声音来自左边。

我向她建议找一个天使陪她往鼓声那儿去，但她要自己一个人去。然而有人从天上下来。这是个天使。他脸带微笑；他把她领到鼓附近。那儿只有一些黑人男子，他们不怀好意地围着一堆大火在跳舞。天使问她他们要做什么：他们要烧死一个白人。于是她到处找这白人，但也没有见到。

啊！我看见他了。这是个五十来岁的白人。他的衣服被扒了一半。

天使去跟黑人首领交涉(因为她害怕)。黑人首领说这个白人不是本地区的，因此他们要烧死他。尽管他没干坏事。

他们把他放了并重新开始欢快地跳舞。她拒绝参与进去。

我派她去跟首领谈判。他一个人在跳舞。白人不见了。她想离开，似乎并不想要认识那些黑人。她想同她的天使一起到某个地方去，在那儿她有一种回家的感觉，同她的母亲、她的兄弟姐妹们在一起。

抽搐消失了，治疗停止。几天后又见到这位病人，她的病复发了。谈话记录如下：

始终是那些圆圈靠近过来。她拿了一根棍子。它们断裂成碎片。这是根魔杖。把这些碎片变成非常漂亮的闪闪发亮的物质。

她朝一堆火走去：这是跳舞黑人们点的火。想认识首领。朝他走去。

停止跳舞的黑人又跳开了，但按另一个节拍。她也伸出手围着火堆跳舞。

一次次谈话治疗明显地使病人好转。她写信给她父母，接待访问，去看医院放映的电影。她参加小组游戏。一个女病人在小屋的钢琴上弹奏华尔兹，她邀请一个女病人跳舞。她的伙伴们很尊重她。

我们摘录下另一次谈话的这一段：

她重新想到这些圆圈。它们碎成一片，但在右边少了一块。最小的是完整的。她要打碎那些小的，便把它们拿在手里，拧动它们；它们碎了。然而，还剩下一个小的。穿过这些圆圈。另一边处于黑暗中。她不再害怕。叫唤某个人，她的守护天使从上面过来，和和气气，面带微笑。他把她带往阳光下，带往右边。

清醒梦对于目前状况产生一些相当重要的结果。但只要病人**单独一人**时，抽搐就出现了。

我们不想对这精神-神经症的基础放松。主任医师的盘问展示了对想象的黑人的害怕，——十二岁时经历的害怕。

我们跟病人做了大量的谈话。

在她十岁或十二岁时，她的父亲，“殖民军的老前辈”，喜欢收看黑人音乐的节目。每天晚上鼓声在家中回荡。当时她已上床睡觉了。

我们曾经说过，另一方面，就是在这个年龄时期出现吃人肉的野蛮黑人这一形象。

这中间的联系很容易辨认出来。

加之，她的兄弟姐妹们发现了她的弱点，喜欢吓唬她来取乐。

在床上，耳朵里是鼓声，她果真**看到**一些黑人。她颤抖着躲到被窝里。

然后，越来越小的圆圈出现并使她忽视了黑人。

因此我们又发现了圆圈作为防御幻觉症的机制。

今天圆圈出现时没有黑人,——防卫机制成为必要却无视了它的决定论。

我们见到了那位母亲。她证实了她女儿所说的。她非常易动感情,在十二岁时,她经常在床上发抖。但我们的在场没有引起任何精神状态的明显改变。

今天,**只有**圆圈发生了运动现象:大叫、面部肌肉抽搐、紊乱的手势。

但如果保留一部分体质,这种精神错乱显然是害怕黑人的结果,这害怕受决定性的环境支持。尽管病人明显好转,人们还是怀疑她是否能很快过上正常的社会生活。

第七章　黑人和承认

一、黑人和阿德勒

“无论我们从什么方面着手分析精神疾病的状况，立即就会面对下面的现象：神经系统的整个图表及其症状出现都受到一个最终目标影响，甚至好像是这个目标的投射。因此可以赋予这最终目标以形式原因的价值，指导原则、安排、协调的价值。如果你们不考虑这个最终目标，而去试图理解病态现象的意义和方向，你们会立即面对许多乱七八糟的倾向、驱使、偏爱和不正常，这些都是为了使一些人灰心丧气而引起另一些人的大胆愿望：不惜一切代价冲破黑暗，冒着双手空空或带着虚幻的战利品而归的危险。相反，如果我们承认最终目标的假设，或隐藏在现象背后的因果最终性，我们立刻就会看到黑暗消散了，我们读到了病人的灵魂，就像读一本打开的书。”①

① 阿德勒：《神经质》，第12页。

我们这个时代最令人震惊的神秘主义一般都是在类似的理论立场上建立的。事实上，我们把性格心理学也用在了安的列斯人身上。

黑人是对照。这是首要实情。他们是对照，就是说他们随时关心自我的价值和自我的理想。每当他们与另一人接触时，就会涉及价值、优点。安的列斯人没有属于他们自己的价值，他们总是求助于“他者”的出现。总是涉及没有自己聪明，比自己更黑，没有自己好的人。一切自己的观点，一切自己的扎根，都依赖于他人的崩溃。我是在周围的废墟上建立起自己的男子气概的。

我向我的马提尼克读者提出如下的实验。选出法兰西堡最有“对照”性的街道。舍尔歇路、维克多·雨果路……当然不是弗朗索瓦·阿拉戈路。同意做这实验的马提尼克岛人将会同意我的意见；如果他看到自己暴露无遗时不会肌肉收缩。一个安的列斯人在五六年后又见到一个伙伴时挑衅性地上前同他交谈。因为当时这两人的地位已确定。曾经的自卑者认为自己提高了身价……而高傲的那一位一心想要遵守等级制度。

“你完全没有变……还是那么蠢。”

然而，我知道有些医生和牙医，他们继续保留着十五年前的错误判断。比概念错误要好些的是，这是对危险者发起的“克里奥尔主义”。人们把它一劳永逸地掌握了：没办法。安的列斯人的特点表现为想要征服另一人。他的方向线经过别人。问题总是在于主体而毫不顾及客体。我试图在其他人的眼中看出赞赏,而如果不幸地,其他人给我带来不愉快的形象,我就贬低这面镜子:其他人肯定是个笨蛋。我不力图赤裸裸地面对客体。作为个人和自由的客体是被否认的。客体是个工具。它应该能使我实现我主观的安全。我假装自己完满无缺(想要完满)且不承认任何分裂。他人进入舞台来布置舞台。主角则是我。你们鼓掌或批评,对我无关紧要,我是中心。如果其他人想以他实现自身价值的欲望(他的想象)使我不安,我便毫不客气地把他驱逐出去。他不再存在。别跟我谈论这个家伙。我不愿遭受客体的打击。同客体接触是针锋相对的。我是那喀索斯,我要在另一人的眼睛中看出使我满意的自我形象。因此,在马提尼克岛,在一定的圈子(环境)里,有"佩勒女神""佩勒女神"区、冷漠者(他们等候着)和丢脸者。那些人被无情地屠杀。人们猜测统治这弱肉强食的世界的气温。无法从中逃脱。

我呢,只是我。

马提尼克岛人渴望安全。他们想让人接受他们的想象。他们想在他们的男子生殖力欲望方面得到认可。他们想与众不同。他们中每个人构成一个在很有限的领地内的孤立的、冷漠的、锐利的原子,他们每一个人都**存在**。他们每个人都想**存在**,想**显现**。安的列斯人的一切行动经过"他者"。并非因为这另一人从阿德勒描述的人类观点看,仍然是他行动的最终目标[①],而仅仅因为是另一人在其实现自身价值的需要中显示这一点。

既然我们发现了安的列斯人那阿德勒式的方向线,我们需要追寻其根源。

我们在这里遇到了困难。的确,阿德勒创造了个人的心理学。然而我们刚刚看到安的列斯人也有自卑感。并不是某个安的列斯人表现出神经质的结构,而是所有的安的列斯人。安的列斯社会是个神经质社会,“对照”社会。因此我们从个人转移到社会结构。如果说有缺陷,那么它不存在于个人的“精神”中,而是在环境的精神中。

马提尼克岛人是神经质的,且不光是一个人。如果我们严格地应用阿德勒学派的结论,我们会说黑人试图反对他历史上所感受的自卑。由于黑人历来地位低下,他试图通过展示优越感来抵抗。而这正是从布拉施费尔德(Brachfeld)的书中所得出的结论。谈到种族的自卑感,作者援引安德烈·德·克拉拉门特(André de Claramunte)的一个西班牙文剧作《弗朗德勒的强壮勇敢的黑人》。人们可从中看出黑人的自卑并不始于这个世纪,因为德·克拉拉门特和洛普·德·韦加(Lope de Vega)是同时代人。

① 阿德勒:《人的认识》。

他要成为一个真正的骑士
唯一缺少的是皮肤的颜色……

而黑人胡安·德·梅里达却这样表达：

在这世界上做黑人
是多么的耻辱！
难道黑人不是人吗？
他们是否为此而心地
更加卑鄙、更加愚蠢、更加丑陋？
而为了这个别人给他们起的绰号
我沉重地从我肤色的耻辱中
站立起来
并且我向世界显示我的勇气……
黑人是不是那么卑劣？

可怜的胡安不知怎么办才好。通常，黑人是个奴隶。但他的地位丝毫不是这样的：

因为虽然我是黑人
但我不是个奴隶。

然而他想逃脱这个黑色。他在生活中有个人种的态度。显而易见,他是个白人:

我比雪还要白。

因为归根结底,在象征性方面,

那么黑人是什么?
是否是黑色皮肤的人?
我向命运之神、时光、上苍
并向所有使我成为黑人的人
申诉这种侮辱!
啊,倒霉的肤色!

胡安闭门不出,意识到意图并不能救他。他**显出的样子**削弱他所有的行动:

精神有什么关系?
我是疯子。
如果不绝望那又怎么办呢?
苍天,啊,做黑人

是多么可怕的事。

可怜的黑人痛苦极了，他只剩下一个解决办法：向别人并尤其向他自己证明他的白色。

如果我不能改变肤色，
我要冒险。

就如人们所见到的，必须从过度补偿的观点去理解胡安·德·梅里达。因为黑人属于一个“低等”的种族，他们试图去接近一个高等种族。

但我们知道摆脱阿德勒的影响。在美国，德·曼和伊斯特曼有点过度地应用阿德勒的方法。我指出的所有事实是真的，但还用说吗，这些事实和阿德勒的心理学只保持外在的关系。马提尼克岛人并不与被看作父亲、首领、上帝的白人相比较，而是与得到白人保护的他的同类相比。一个阿德勒的比较以如下方式概括之：

“我比他人更伟大。”

相反，安的列斯式的比较则表现为这样：

白人

与他人不同的我

阿德勒的比较含有两层关系,它集中在自我上。

安的列斯式的比较具有第三层关系:其中领导假想并非个人的,而是社会的。

马提尼克岛人是受磨难之人。造就他的环境(但他并未造就这环境)残忍地撕裂他;而这个文化环境,他却以自己的血和体液来维持。然而黑人的血是行家们眼中的肥料。

以阿德勒的方式,在确认我的伙伴在梦中实现变白的愿望后,于是我向他指出他的神经质症、他身体的不稳定性,他自我的裂缝来自这领导假想,我会对他说:“马诺尼先生十分恰当地描述了马达加斯加人身上的这种现象。要知道,我认为你最好接受待在人家给你让出的位子上。”

当然不会!我决不会说这个!我会跟他说:是环境、社会应对你的迷惑负责。说了这话,其他方面的进展会顺利很多,并且我们会找到问题之所在。

当然了,问题在于世界的目的。

我有时会思忖那些督学和行政部门的头头是否意识到了他们在殖民地的作用。二十年间,他们热衷于使黑人变成白人。

最后，他们又放弃了黑人，并对他们说：你们对白人有依赖情结，这一点不容置喙。

二、黑人和黑格尔

> 自我意识，当它对于并且因为另一个自我意识而言是自在的和自为的，所以它是自在的和自为的，也就是说，它只作为被承认的存在而存在。①

人只有在他想把自己强加于另一个人，以便使这另一人承认自己时，才算是一个人。只要他实际上未被另一人承认，这个另一人依旧是他行动的主题。他的人类价值和人类实在性取决于这另一个人，以及这另一个人的承认。他的生存意义是凝聚在这另一人中的。

在白人和黑人之间没有公开的斗争。

一天白人主子**不经斗争地**承认了黑人奴隶。

但从前的奴隶想要**让别人承认他**。

在黑格尔的辩证法的基础上，有绝对的相互性，我们必须对

---

① 黑格尔：《精神现象学》，伊波利特译，第155页。

此加以强调。

这是由于我超越了我的直接存在,故我实现了作为天生的和比天生更天生的实在性的另一人的本质。如果我关闭了这个路线,如果我使运动不能双向进行,那么我把他人维持在他的自我的内部。在外部,我甚至移除了他的这个自我存在。

打破这反映我自己的可怕圈子的唯一办法,是通过中介和承认,恢复他人作为人的实在性,它不同于天生的实在性。然而他人应该实行类似的行动。"单方面的行动是没有用的,因为该发生的只能通过双方面行动发生……";"……**他们承认自己好像互相承认那样**。"①

自我意识在其直接性中是单一的为自我。为了获得自我的确实性,必须与承认的概念结合在一起。另一人同样地等待我们的承认,以便在普遍的自我意识中充分发展。每个自我意识追求绝对性。它想要作为受社会排斥的生命的原始价值,作为主观坚信(Gewisheit)的客观事实(Wahrheit)的转变而受到承认。

由于碰到他人的反对,自我意识体验**愿望**;这是引向精神上的自尊之路的第一阶段。它同意冒生命危险,故而威胁到他人的肉体存在。"只有通过冒生命危险才保有自由,证明自我意

① 黑格尔:《精神现象学》,第157页。

识的精华不是**存在**,不是自我意识首先冒出来的直接方式,不是进入生命延伸部分的深处。”①

因此自在自为的人类实在性只有在斗争中和借助这实在性所包含的冒险才能得到结果。这种冒险意味着我超越生命,朝向至善,这就是把我对自身价值的主观确定转化为普遍有效的客观真理。

我要求人们从我的“愿望”出发重视我。我不是仅仅在此时此地的,圈在事务性中的。我是为了别处和别的事情而存在。就要求人们考虑到我的消极活动,因为我追求的是生命以外的东西;由于我为一个人类世界的诞生,即一个互相承认的世界的诞生而斗争。

那个对承认我犹豫不决的人反对我。在残酷的斗争中,我承认感受到死亡的震撼、不可逆转的崩溃,但也感受到可能性和不可能性。②

---

① 黑格尔:《精神现象学》,第159页。

② 当我们开始这工作时,我们想研究黑人的“为了死亡”的存在。我们认为这研究是必要的,因为人们不断地重复说:黑人不会自杀。

阿希尔先生在一次会议上毫不犹豫地支持这说法,而理查德·赖特在其一篇新闻报道上让一名白人说:“如果我是个黑人,我就会自杀……”,他想借此表达只有黑人能接受这样的对待而不感到自杀的引诱。

从此,德塞先生的论点用在自杀的问题上。他指出雅恩施的研究工作是最不似是而非的,这研究以分裂的典型(蓝眼睛,白皮肤)来与结合一体的典型(棕色的眼睛和皮肤)对立。

涂尔甘认为犹太人不自杀。如今则换成了黑人。然而,“底特律医院接收的自杀者中有16.6%是黑人,而黑人在居民中的比例中只占7.6%。在辛辛那提,黑人自杀人数是白人的两倍多,由于黑人妇女的惊人比例而不断增加:358个黑人妇女比76个黑人男性”(加布里埃尔·德塞:《自杀的心理状态》,n,23)。

然而,另一人能承认我并且避免斗争:

“没拿生命去冒险的个体可以被承认为**人**,但他没有达到这种承认独立自我意识的真理。”[1]

从历史上看,黑人陷于奴役的非本质,被主子释放了,他没有支持为自由的斗争。

处于奴隶地位的黑人越过主人所在的城堡周围的木栅栏。同这些被准许每年一次在客厅跳舞的仆人一样,黑人寻求支持。黑人没有变成主人。当没有了奴隶时,就没有主人。

黑人是被人们准许采取主人态度的奴隶。

白人是允许奴隶们同桌吃饭的主人。

一天,一个有影响力的、善良的白人主子对他的伙伴们说:

“对黑人们要和气……”

于是,白人主子们表示不满,因为这还是很困难的,他们决定把一些“人—机器—牲口”提高到至高无上的**人**的行列。

任何一块法国土地都不应再承载奴隶了。

骚乱从外部波及黑人。黑人受到影响。一些并非从他行动中产生的价值,一些不是由他那心脏收缩上升的血液所产生的价值,来到他周围跳起彩色圆舞。骚乱并未区分黑人。他们从一个生活方式到另一个生活方式,但并非从一种生活到另一种

① 黑格尔:《精神现象学》,第150页。

生活。正如当有人对病情好转的病人宣布他将于不日出院时，有时他会复发，同样，黑奴解放的消息也会导致黑人的精神疾病乃至猝死。

在一生中，人们不会两次得知同样的消息。黑人满足于感谢白人，这一事实最残酷的证明是散布在法国和殖民地各处的数目可观的塑像，表现着白人法国抚摸着我们这些勇敢黑人的弯曲的头发，而我们明明刚刚挣脱他们套在我们身上的枷锁。

“快谢谢先生。”母亲对她儿子说……但我们知道这小男孩经常梦想大声说几句别的话——更加引起轰动的……

身为主子①的白人对黑人说道：

“从今以后你自由了。”

但黑奴不知道自由的代价，因为他没有为自由而斗争过。不时地，他为自由和正义而斗争，但总是涉及白人的自由和白人的正义，即涉及由主子们散发出的价值。在过去的奴隶的记忆里既没有为自由斗争，也没有为克尔恺郭尔所谈论的自由而焦

---

① 我们希望指出了这儿的主人与黑格尔描写的主人在本质是不同的。黑格尔所描写的，有相互性，这里的主人不把奴隶的觉悟放在眼里。他不要求奴隶的感激，但要求他劳动。

同样，这里的奴隶丝毫不可与那个陷于目的中，在工作中找得他解放源泉的人相比较。

黑奴想要像主人那样。

因此他没有黑格尔所描写的奴隶那么独立。

在黑格尔的描写中，奴隶离开主子并转向目的。

这里，奴隶转向主子而抛弃目的。

虑不安,他站在这个年轻的白人面前,喉咙发干,而白人正在存在的僵硬绳索上演奏和唱歌。

有时,当黑人凶恶地注视白人时,白人对他说:“兄弟,我们之间没有差异。”然而黑人**知道**有差异。他**希望**有差异。他想要白人突然对他说:“肮脏的黑奴。”于是,他就会有这个唯一的机会——“让他们看到……”

但通常的情况都是什么都不会发生,只有冷漠或家长式的好奇。

过去的奴隶要求质疑他的人性,他希望斗争、吵架。但是太晚了;法国黑人被迫去咬人和被咬。我们说的是法国人,因为美国黑人经历的是另一种悲剧。在美国,黑人斗争并被制伏。有些法律逐渐从宪法中消失。有些法令禁止某些歧视。然而我们得到保证,问题并不在于天性。

有交战,就有失败、休战、胜利。

《一千二百万白人的心声》对着天幕大声疾呼。天幕被穿透了,齿痕牢牢地刻在了它禁忌的腹部,它落了下来,犹如一把裂开的非洲木琴。

战场的四角由二十来个吊儿郎当的黑人挖制而成,战场上渐渐竖起一座有望变得十分宏伟的纪念碑。

我已瞥见,在这纪念碑的顶端,一个白人和一个黑人手拉着手。

对于法国黑人，这种情况是无法容忍的。由于他从不确信白人把他看作自在自为的自我意识，他不断地关注于检测抵抗、反对、争执。

穆尼埃对非洲贡献的是从书中引出的几段。[①] 他在那儿认识的那些黑人青年想保存他们的相异性。具有决裂、斗争、战斗的相异性。

菲希特说，自我通过对立而确立。这话不完全对。

我们在我们的引言中说过人是个“是”字。我们将不断地重复这个字。

对生命说是。对爱说是。对宽厚说是。

但人也是个“不”字。对人的轻视说不。对人的可耻行为说不。对人的剥削说不。对扼杀人类中更加人道的东西——自由——说不。

人的行为不仅仅是反应性的。而在一个**反应**中总是有感受。尼采在《权力意志》中已指出这一点。

引导人成为“起作用的”，同时在其循环中保持创造人类世界的主要价值的尊重，这就是经过思考后，准备行动者的当务之急。

---

① 埃马纽埃尔·穆尼埃：《黑非洲的觉醒》，1948 年。

结　语

> 社会革命不能从过去，而只能从将来得出它的诗篇。在抛掉关于过去的所有迷信之前，这革命只能自己开始。以前的革命尽力回忆世界历史以便在其自己的内容方面掺假。为了达到其自己的内容，19世纪的革命必须让死人埋葬死人。那时表现超过内容；现今内容超过表现。（马克思，《雾月十八日》）

我已经看见所有要我明确这点或那点、谴责这种或那种行为的人那一张张脸。

十分明显，且我不断地重复，出生于瓜德罗普岛的医学博士为了去异化所做的努力，可以从他的动机去理解，而这一动机与从事建设阿比让港口的黑人的努力的动机相比，有着本质的不同。首先，异化在本质上几乎是智力层面上的。由于他把欧洲文化设想为脱离其种族的手段，所以他装出一副与众不同的样子。其次,则是由于他是一种以某个种族对另一种族的剥削,一种被认为高级文明形式对某种人类的蔑视为基础的制度的受害者。

我们并不天真到相信呼吁理智或对人的尊重能够改变现实。对于在罗贝尔种植园①种甘蔗的黑人,只有一个解决办法:斗争。他并不是经过马克思主义或理想主义的分析后才着手进行这场斗争,而是仅仅因为他只能在反对剥削、贫困和饥饿的斗争中,才能设想它的存在。

我们并不想要求这些黑奴修正他们根据历史形成的观点。此外,我们相信,他们不知不觉地进入我们的视线,他们习惯于用现在的方式去说话和思考。我有机会在巴黎遇见的那几个工人同志从不互相提发现黑奴往昔的问题。他们知道他们是黑人,他们告诉我,这无法改变任何事情。

他们在哪一点上极为正确?

关于这一点,我要提出一个意见,这个意见我可以在别的许多人那儿找到:智力上的异化是资产阶级社会的造物。我把任何以确定形式变得僵化,禁止一切进化,一切进步,一切发现的社会都称为资产阶级社会。我把一个在那里生活不愉快、空气污浊、思想和人腐败的封闭社会叫作资产阶级社会。故我认为

① 马提尼克岛公社。

一个采取反对这种死亡的态度的人在某种意义上是个革命者。

发现15世纪时就存在的黑人文明，这并没给我颁发一张人性专利证。不管人们愿意不愿意，过去绝不能在现实中指导我。

人们察觉到了，我所研究的状况不是传统的。科学的客观性对我来说是禁止的，因为精神错乱者、神经质患者是我的兄弟、姐妹、父辈。我经常试图向黑人揭示在某种意义上他们变得不正常；向白人揭示，他们既是骗人者，又是受骗者。

黑人在某些时候被封闭在自己的体内。然而，“对于一个已经获得对自我和自己的身体的意识，并达到主体与客体辩证法的存在而言，身体不再是意识结构的原因，它成为意识的客体”。①

黑人是往昔的奴隶，哪怕是再真诚的黑人也是如此。然而，我是个人，从这个意义上说，伯罗奔尼撒战争和指南针的发明一样，也是我的。面对白人，黑人有个往昔要更加被看重，有仇要报；面对黑人，现代白人感到有必要回忆一下吃人肉的时代。几年以前，里昂海外法国大学生协会要求我回应一篇文章，文章把爵士音乐完全写成了食人习俗向现代世界的涌入。我知道该怎么办，我拒绝接受谈判对象的初次露头，并要求这位欧洲纯洁性的捍卫者抛弃这种毫无文化内涵的痉挛。某些人想让世界充斥

① 梅洛-蓬蒂：《知觉现象学》，第277页。

着他们的存在。一位德国哲学家将这个过程称为自由病理学。既然如此,我不必站在帮助黑人音乐反对白人音乐的立场上,但必须帮助我的兄弟抛弃一个不利的态度。

这里面对的问题有时间性。拒绝让自己关闭在往昔的实体化塔内的黑人和白人将摆脱异化。再说,对于许多别的黑人来说,摆脱异化将导致他们拒绝把现今看作决定性的。

我是个人,我要重新诉说的是世界的整个过去。我不仅仅是对圣多明各的造反负责。

每当一个人的精神的尊严获胜时,每当一个人对其同类的奴役企图说不时,我感到自己与他的行为休戚相关。

我绝不应该从有色人种的往昔中找到自己的原始使命。

我绝不应该致力于使一个不公正地被埋没的黑人文明重新发出光辉。我不使自己成为任何过去的人。我不愿牺牲我的现在和未来去歌颂过去。

印度支那人造反并不是因为他们发现了自己独特的文化。而“仅仅”是因为种种理由,他们变得喘不过气了。

当人们回想起职业中士的故事时——故事描述了在1938年,这个国家充斥着皮阿斯特货币和人力车、廉价仆人和妇女,人们实在太了解狂怒了,越南人就是这么狂怒地斗争的。

一位同志从印度支那回来。上次战争时我曾与他并肩作战。他告诉我许多事情。例如一些十六七岁的越南青年泰然自若地倒在行刑队面前。他对我说,有一次我们以半跪在地上的射手姿势开枪:士兵们在这些“狂热”的青年面前发抖。最后他补充道:“我们这边进行的战争与在那边所发生的事相比,只不过是场游戏。”

从欧洲的观点来看,这些事情是不可思议的。某些人推论出一个所谓面对死亡的亚洲态度。但这些低层次的哲学家不能说服什么人。这种亚洲的从容,韦科尔的“二流子”和抵抗运动的“恐怖分子”在不久之前就为了他们自己的利益而表现出来了。

在行刑队面前死去的越南人并不希望他们的牺牲能使过去再现。他们是以现在和未来的名义接受死亡的。

如果在某一时刻出现了让我有效地与坚定的过去团结一致的问题,那就是我对自己,对我的邻人做出了承诺,用我的全部存在,全力以赴,以便世界上永远不会再有被征服的人民。

并不是黑人世界指点我的行为。我的黑皮肤并不占有特别的价值。很久以来,让康德喘不过气来的繁星点点的天空将它的秘密告诉了我们。而道德法律怀疑它自己本身。

作为人,我致力于面对毁灭的风险,以便两三个真理能将其本质清晰地展现给世界。

萨特曾指出过去在不可靠的态度路线上,大量地“笼络”并牢固地构造当时“未定型”的个人。这是转化为价值的过去。

但我也能重提我的过去，通过我连续的选择，要么提高这过去的价值，要么谴责过去。

黑人想要像白人一样。对于黑人，只有一个命运；成为白人。这事由来已久，黑人接受了白人的无可争论的优势，且其所有的努力都趋向实现作为白人而存在。

难道我在这个世界上除了为17世纪的黑人报仇外没有另外的事要做了吗？

在这个已企图回避的世界上，我应不应该对自己提出关于黑人真相的问题？

我应不应该只为颜面角辩护？

我这个有色人种，无权去探究我的人种在什么方面高于或低于另一个人种。

我这个有色人种，无权去希望白人身上凝聚着对我种族的过去的罪行。

我这个有色人种无权去操心，怎样让自己可以去践踏前任主子的骄傲的办法。

我没有权力也没有义务去替我那被奴役的祖先要求白人赔罪。

没有黑人的使命；没有白人的负担。

有一天，我发现自己在一个事情一团糟的世界里；一个要求我战斗的世界里；一个始终涉及消灭或胜利的世界里。

我发现我这个人在一个有话不能说的世界里;在一个别的人没完没了地变得冷酷的世界里。

不,我无权来向白人大声宣布我的仇恨。我也没有义务向白人低声道谢。

我的生活在自己的生命套索中,我的自由把我抛回给我自己。不,我没有权利是个黑人。

我没有权利是这个或那个……

如果白人对我的人性有异议,我会将我作为一个人的所有重量都压在他的生活上,向他显示我不是他坚持想象的这个说蹩脚法语的人。

有朝一日我出现在世界上并承认自己只有一个权利:向他人要求人道行为的权利。

唯一的义务。经过我的选择,不否认我自由的义务。

我不愿是黑人世界中**计谋**的牺牲品。

我的人生不应花在总结黑人的价值上。

世界到处有人在寻求。

没有白人的世界,没有白人的种族,没有越来越多的白人智慧。

我不是历史的囚犯。我不应在历史中寻求我命运的意义。

我应该随时记得真正的**飞升**在于把发明创造引入生活中。

在我逐步前往的世界中,我无止境地创造。

当我超越存在时,我与存在利害一致。

而我们明白,透过一个特别的问题,行动的问题显出轮廓。我被安置在这个世界中,处境中,像帕斯卡尔所想的那样,“上了船”,我要去收集武器吗?

我要去要求今天的白人对十七世纪的贩卖黑奴负责吗?

我要去千方百计地试图使人在内心中产生负罪感吗?

面对“过去”的厚重而感到精神痛苦?我是黑奴,背负着千斤重的铁锁链,承受着暴雨般的拳打脚踢,唾沫像河水一般地流淌在我肩上。

但我无权让自己扎根。我无权接受哪怕一丁点儿自己的生活。我无权让自己被过去的决定诱入圈套。

奴隶制使我的父辈们失去了人性,但我不是奴隶之一。

许多有色人种的知识分子认为欧洲文化表现出一种外在性特点。此外,在人际关系上,黑人能感到西方世界将自己视作陌生人。由于不愿显得像穷亲戚、养子、私生的后代,黑人是不是要狂热地试图去发现一种黑人文明?

但愿人们理解我们。我们深信如果去了解公元前三世纪的黑人文学或建筑,则会大有好处。我们将十分高兴知道某个黑人哲学家与柏拉图有交往。但我们绝对看不出这件事能对在马提尼克岛或瓜德罗普岛上甘蔗地里劳动的八岁小男孩的境况有什么改变。

不要试图修复别人，既然他的命运就是注定要被甩掉。

历史的厚重不决定我的任何一个行动。

我是我本身的基础。

正是通过超越了历史和工具的数据，我进入了自己自由的领域。

有色人种的不幸是曾经被奴化过。

白人的不幸和不人道是曾在某处杀过人。

其不幸和不人道今天还在于理智地筹划这种使人失掉人性的行为。但是我，有色人种，如果我有可能变得绝对地存在，我没有权利局限在一个追溯既往的赔罪世界里。

我这个有色人种只想一件事：

但愿工具不再控制人类。但愿人类永远停止奴役人类。也就是我被另一人奴役。但愿我有可能发现别人，需要别人，不管他在哪儿。

黑人并不比白人更多。

两者都需要离开他们可敬的祖先们那不人道的声音，以便能够进行真正的沟通。在投入积极的呼声之前，要为自由而努力摆脱异化。一个人在其生命之初总是充血的，是淹没在偶然性中的。人的不幸在于曾经是孩子。

通过努力自我复苏和分析，通过他们永远绷紧自由这根弦，人们能够创造出一个适合人类世界的理想生存条件。

高级？低级？

为什么不直截了当地试着触摸他人，感受他人，向我展示他人？

我获得了自由，这难道不是为了建设**你**的世界吗？

在结束这部作品时，我们希望人们像我们那样感到一切意识的开放维度。

我最后的祈祷：

我的身体啊，使我始终成为一个提问的人吧！

人文与社会译丛

第一批书目

1.《政治自由主义》(增订版),[美]J. 罗尔斯著,万俊人译　118.00 元
2.《文化的解释》,[美]C. 格尔茨著,韩莉译　89.00 元
3.《技术与时间:1. 爱比米修斯的过失》,[法]B. 斯蒂格勒著,裴程译　62.00 元
4.《依附性积累与不发达》,[德]A. G. 弗兰克著,高铦等译　13.60 元
5.《身处欧美的波兰农民》,[美]F. 兹纳涅茨基、W. I. 托马斯著,张友云译　9.20 元
6.《现代性的后果》,[英]A. 吉登斯著,田禾译　45.00 元
7.《消费文化与后现代主义》,[英]M. 费瑟斯通著,刘精明译　14.20 元
8.《英国工人阶级的形成》(上、下册),[英]E. P. 汤普森著,钱乘旦等译　168.00 元
9.《知识人的社会角色》,[美]F. 兹纳涅茨基著,郏斌祥译　49.00 元

第二批书目

10.《文化生产:媒体与都市艺术》,[美]D. 克兰著,赵国新译　49.00 元
11.《现代社会中的法律》,[美]R. M. 昂格尔著,吴玉章等译　39.00 元
12.《后形而上学思想》,[德]J. 哈贝马斯著,曹卫东等译　58.00 元
13.《自由主义与正义的局限》,[美]M. 桑德尔著,万俊人等译　30.00 元

14.《临床医学的诞生》,[法]M. 福柯著,刘北成译 55.00元
15.《农民的道义经济学》,[美]J. C. 斯科特著,程立显等译 42.00元
16.《俄国思想家》,[英]I. 伯林著,彭淮栋译 35.00元
17.《自我的根源:现代认同的形成》,[加]C. 泰勒著,韩震等译 128.00元
18.《霍布斯的政治哲学》,[美]L. 施特劳斯著,申彤译 49.00元
19.《现代性与大屠杀》,[英]Z. 鲍曼著,杨渝东等译 59.00元

第三批书目

20.《新功能主义及其后》,[美]J. C. 亚历山大著,彭牧等译 15.80元
21.《自由史论》,[英]J. 阿克顿著,胡传胜等译 89.00元
22.《伯林谈话录》,[伊朗]R. 贾汉贝格鲁等著,杨祯钦译 48.00元
23.《阶级斗争》,[法]R. 阿隆著,周以光译 13.50元
24.《正义诸领域:为多元主义与平等一辩》,[美]M. 沃尔泽著,褚松燕等译 24.80元
25.《大萧条的孩子们》,[美]G. H. 埃尔德著,田禾等译 27.30元
26.《黑格尔》,[加]C. 泰勒著,张国清等译 135.00元
27.《反潮流》,[英]I. 伯林著,冯克利译 48.00元
28.《统治阶级》,[意]G. 莫斯卡著,贾鹤鹏译 98.00元
29.《现代性的哲学话语》,[德]J. 哈贝马斯著,曹卫东等译 78.00元

第四批书目

30.《自由论》(修订版),[英]I. 伯林著,胡传胜译 69.00元
31.《保守主义》,[德]K. 曼海姆著,李朝晖、牟建君译 58.00元
32.《科学的反革命》(修订版),[英]F. 哈耶克著,冯克利译 58.00元

33.《实践感》,[法]P. 布迪厄著,蒋梓骅译 75.00 元
34.《风险社会:新的现代性之路》,[德]U. 贝克著,张文杰等译 58.00 元
35.《社会行动的结构》,[美]T. 帕森斯著,彭刚等译 80.00 元
36.《个体的社会》,[德]N. 埃利亚斯著,翟三江、陆兴华译 15.30 元
37.《传统的发明》,[英]E. 霍布斯鲍姆等著,顾杭、庞冠群译 68.00 元
38.《关于马基雅维里的思考》,[美]L. 施特劳斯著,申彤译 78.00 元
39.《追寻美德》,[美]A. 麦金太尔著,宋继杰译 68.00 元

第五批书目

40.《现实感》,[英]I. 伯林著,潘荣荣、林茂译 30.00 元
41.《启蒙的时代》,[英]I. 伯林著,孙尚扬、杨深译 35.00 元
42.《元史学》,[美]H. 怀特著,陈新译 89.00 元
43.《意识形态与现代文化》,[英]J. B. 汤普森著,高铦等译 68.00 元
44.《美国大城市的死与生》,[加]J. 雅各布斯著,金衡山译 78.00 元
45.《社会理论和社会结构》,[美]R. K. 默顿著,唐少杰等译 128.00 元
46.《黑皮肤,白面具》,[法]F. 法农著,万冰译 58.00 元
47.《德国的历史观》,[美]G. 伊格尔斯著,彭刚、顾杭译 58.00 元
48.《全世界受苦的人》,[法]F. 法农著,万冰译 17.80 元
49.《知识分子的鸦片》,[法]R. 阿隆著,吕一民、顾杭译 45.00 元

第六批书目

50.《驯化君主》,[美]H. C. 曼斯菲尔德著,冯克利译 68.00 元
51.《黑格尔导读》,[法]A. 科耶夫著,姜志辉译 98.00 元
52.《象征交换与死亡》,[法]J. 波德里亚著,车槿山译 68.00 元
53.《自由及其背叛》,[英]I. 伯林著,赵国新译 48.00 元

54.《启蒙的三个批评者》,[英]I. 伯林著,马寅卯、郑想译 48.00 元
55.《运动中的力量》,[美]S. 塔罗著,吴庆宏译 23.50 元
56.《斗争的动力》,[美]D. 麦克亚当、S. 塔罗、C. 蒂利著,李义中等译 31.50 元
57.《善的脆弱性》,[美]M. 纳斯鲍姆著,徐向东、陆萌译 55.00 元
58.《弱者的武器》,[美]J. C. 斯科特著,郑广怀等译 82.00 元
59.《图绘》,[美]S. 弗里德曼著,陈丽译 49.00 元

第七批书目

60.《现代悲剧》,[英]R. 威廉斯著,丁尔苏译 45.00 元
61.《论革命》,[美]H. 阿伦特著,陈周旺译 59.00 元
62.《美国精神的封闭》,[美]A. 布卢姆著,战旭英译,冯克利校 68.00 元
63.《浪漫主义的根源》,[英]I. 伯林著,吕梁等译 49.00 元
64.《扭曲的人性之材》,[英]I. 伯林著,岳秀坤译 22.00 元
65.《民族主义思想与殖民地世界》,[美]P. 查特吉著,范慕尤、杨曦译 18.00 元
66.《现代性社会学》,[法]D. 马尔图切利著,姜志辉译 32.00 元
67.《社会政治理论的重构》,[美]R. J. 伯恩斯坦著,黄瑞祺译 72.00 元
68.《以色列与启示》,[美]E. 沃格林著,霍伟岸、叶颖译 128.00 元
69.《城邦的世界》,[美]E. 沃格林著,陈周旺译 85.00 元
70.《历史主义的兴起》,[德]F. 梅尼克著,陆月宏译 48.00 元

第八批书目

71.《环境与历史》,[英]W. 贝纳特、P. 科茨著,包茂红译 25.00 元
72.《人类与自然世界》,[英]K. 托马斯著,宋丽丽译 35.00 元

73.《卢梭问题》,[德]E. 卡西勒著,王春华译　39.00 元
74.《男性气概》,[美]H. C. 曼斯菲尔德著,刘玮译　28.00 元
75.《战争与和平的权利》,[美]R. 塔克著,罗炯等译　25.00 元
76.《谁统治美国》,[美]W. 多姆霍夫著,吕鹏、闻翔译　35.00 元
77.《健康与社会》,[法]M. 德吕勒著,王鲲译　35.00 元
78.《读柏拉图》,[德]T. A. 斯勒扎克著,程炜译　68.00 元
79.《苏联的心灵》,[英]I. 伯林著,潘永强、刘北成译　59.00 元
80.《个人印象》,[英]I. 伯林著,林振义、王洁译　35.00 元

第九批书目

81.《技术与时间:2. 迷失方向》,[法]B. 斯蒂格勒著,
赵和平、印螺译　59.00 元
82.《抗争政治》,[美]C. 蒂利、S. 塔罗著,李义中译　28.00 元
83.《亚当·斯密的政治学》,[英]D. 温奇著,褚平译　21.00 元
84.《怀旧的未来》,[美]S. 博伊姆著,杨德友译　85.00 元
85.《妇女在经济发展中的角色》,[丹]E. 博斯拉普著,陈慧平译　30.00 元
86.《风景与认同》,[美]W. J. 达比著,张箭飞、赵红英译　68.00 元
87.《过去与未来之间》,[美]H. 阿伦特著,王寅丽、张立立译　58.00 元
88.《大西洋的跨越》,[美]D. T. 罗杰斯著,吴万伟译　108.00 元
89.《资本主义的新精神》,[法]L. 博尔坦斯基、E. 希亚佩洛著,
高铦译　58.00 元
90.《比较的幽灵》,[美]B. 安德森著,甘会斌译　79.00 元

第十批书目

91.《灾异手记》,[美]E. 科尔伯特著,何恬译　25.00 元

92.《技术与时间:3. 电影的时间与存在之痛的问题》,
[法]B. 斯蒂格勒著,方尔平译 65.00 元
93.《马克思主义与历史学》,[英]S. H. 里格比著,吴英译 78.00 元
94.《学做工》,[英]P. 威利斯著,秘舒、凌旻华译 68.00 元
95.《哲学与治术:1572—1651》,[美]R. 塔克著,韩潮译 45.00 元
96.《认同伦理学》,[美]K. A. 阿皮亚著,张容南译 45.00 元
97.《风景与记忆》,[英]S. 沙玛著,胡淑陈、冯樨译 78.00 元
98.《马基雅维里时刻》,[英]J. G. A. 波考克著,冯克利、傅乾译 108.00 元
99.《未完的对话》,[英]I. 伯林、[波]B. P. -塞古尔斯卡著,
杨德友译 65.00 元
100.《后殖民理性批判》,[印]G. C. 斯皮瓦克著,严蓓雯译 79.00 元

第十一批书目

101.《现代社会想象》,[加]C. 泰勒著,林曼红译 45.00 元
102.《柏拉图与亚里士多德》,[美]E. 沃格林著,刘曙辉译 78.00 元
103.《论个体主义》,[法]L. 迪蒙著,桂裕芳译 30.00 元
104.《根本恶》,[美]R. J. 伯恩斯坦著,王钦、朱康译 78.00 元
105.《这受难的国度》,[美]D. G. 福斯特著,孙宏哲、张聚国译 39.00 元
106.《公民的激情》,[美]S. 克劳斯著,谭安奎译 49.00 元
107.《美国生活中的同化》,[美]M. M. 戈登著,马戎译 58.00 元
108.《风景与权力》,[美]W. J. T. 米切尔著,杨丽、万信琼译 78.00 元
109.《第二人称观点》,[美]S. 达沃尔著,章晟译 69.00 元
110.《性的起源》,[英] F. 达伯霍瓦拉著,杨朗译 85.00 元

第十二批书目

111.《希腊民主的问题》,[法]J. 罗米伊著,高煜译　48.00 元
112.《论人权》,[英]J. 格里芬著,徐向东、刘明译　75.00 元
113.《柏拉图的伦理学》,[英]T. 埃尔文著,陈玮、刘玮译　118.00 元
114.《自由主义与荣誉》,[美]S. 克劳斯著,林垚译　62.00 元
115.《法国大革命的文化起源》,[法]R. 夏蒂埃著,洪庆明译　38.00 元
116.《对知识的恐惧》,[美]P. 博格西昂著,刘鹏博译　38.00 元
117.《修辞术的诞生》,[英]R. 沃迪著,何博超译　48.00 元
118.《历史表现中的真理、意义和指称》,[荷]F. 安克斯密特著,周建漳译　58.00 元
119.《天下时代》,[美]E. 沃格林著,叶颖译　78.00 元
120.《求索秩序》,[美]E. 沃格林著,徐志跃译　48.00 元

第十三批书目

121.《美德伦理学》,[新西兰]R. 赫斯特豪斯著,李义天译　68.00 元
122.《同情的启蒙》,[美]M. 弗雷泽著,胡靖译　48.00 元
123.《图绘暹罗》,[美]T. 威尼差恭著,袁剑译　58.00 元
124.《道德的演化》,[新西兰]R. 乔伊斯著,刘鹏博、黄素珍译　65.00 元
125.《大屠杀与集体记忆》,[美]P. 诺维克著,王志华译　78.00 元
126.《帝国之眼》,[美]M. L. 普拉特著,方杰、方宸译　68.00 元
127.《帝国之河》,[美]D. 沃斯特著,侯深译　76.00 元
128.《从道德到美德》,[美]M. 斯洛特著,周亮译　58.00 元
129.《源自动机的道德》,[美]M. 斯洛特著,韩辰锴译　58.00 元
130.《理解海德格尔:范式的转变》,[美]T. 希恩著,邓定译　89.00 元

第十四批书目

131.《城邦与灵魂:费拉里〈理想国〉论集》,[美]G. R. F. 费拉里著,刘玮编译 58.00元
132.《人民主权与德国宪法危机》,[美]P. C. 考威尔著,曹晗蓉、虞维华译 58.00元
133.《16和17世纪英格兰大众信仰研究》,[英]K. 托马斯著,芮传明、梅剑华译 168.00元
134.《民族认同》,[英]A. D. 史密斯著,王娟译 55.00元
135.《世俗主义之乐:我们当下如何生活》,[英]G. 莱文编,赵元译 58.00元
136.《国王或人民》,[美]R. 本迪克斯著,褚平译(即出)
137.《自由意志、能动性与生命的意义》,[美] D. 佩里布姆著,张可译 68.00元
138.《自由与多元论:以赛亚·伯林思想研究》,[英]G. 克劳德著,应奇等译 58.00元
139.《暴力:思无所限》,[美]R. J. 伯恩斯坦著,李元来译 59.00元
140.《中心与边缘:宏观社会学论集》,[美]E. 希尔斯著,甘会斌、余昕译 88.00元

第十五批书目

141.《自足的世俗社会》,[美]P. 朱克曼著,杨靖译 58.00元
142.《历史与记忆》,[英]G. 丘比特著,王晨凤译 59.00元
143.《媒体、国家与民族》,[英]P. 施莱辛格著,林玮译 68.00元
144.《道德错误论:历史、批判、辩护》,

[瑞典]J. 奥尔松著,周奕李译 58.00 元

145.《废墟上的未来:联合国教科文组织、世界遗产与和平之梦》,[澳]L. 梅斯克尔著,王丹阳、胡牧译 88.00 元

146.《为历史而战》,[法]L. 费弗尔著,高煜译(即出)

147.《语言动物:人类语言能力概览》,[加]C. 泰勒著,赵清丽译(即出)

148.《我们中的我:承认理论研究》,[德]A. 霍耐特著,张曦、孙逸凡译 62.00 元

149.《人文学科与公共生活》,[美]P. 布鲁克斯编,余婉卉译(即出)

150.《美国生活中的反智主义》,[美]R. 霍夫施塔特著,何博超译 68.00 元

第十六批书目

151.《关怀伦理与移情》,[美]M. 斯洛特著,韩玉胜译 48.00 元

152.《形象与象征》,[罗]M. 伊利亚德著,沈珂译(即出)

153.《艾希曼审判》,[美]D. 利普斯塔特著,刘颖洁译(即出)

154.《现代主义观念论:黑格尔式变奏》,[美]R. B. 皮平著,郭东辉译(即出)

155.《文化绝望的政治:日耳曼意识形态崛起研究》,[美]F. R. 斯特恩著,杨靖译(即出)

156.《作为文化现实的未来:全球现状论集》,[印]A. 阿帕杜拉伊著,周云水、马建福译(即出)

157.《一种思想及其时代:以赛亚·伯林政治思想的发展》,[美]J. L. 彻尼斯著,寿天艺、宋文佳译(即出)

158.《人类的领土性:理论与历史》,[美]R. B. 萨克著,袁剑译(即出)

159.《理想的暴政：多元社会中的正义》，[美]G. 高斯著，范震亚译（即出）

160.《荒原：一部历史》，[美]V. D. 帕尔马著，梅雪芹译（即出）

有关"人文与社会译丛"及本社其他资讯，欢迎点击 www. yilin. com 浏览，对本丛书的意见和建议请反馈至新浪微博@译林人文社科。